Solutions to Higher Still Higher Mathematics

by

B. Hastie

ISBN 0 7169 3240 7
© *B. Hastie, 1999.*

The solutions in this publication do not emanate from the Scottish Qualifications Authority. They reflect the author's opinion as to what the solutions might be.

ROBERT GIBSON · **Publisher**
17 Fitzroy Place, Glasgow, G3 7SF.

CONTENTS

Model Paper A ....
Model Paper B 1
Model Paper C 2
Model Paper D 3
Model Paper E 5
Model Paper F 6
Model Paper G 8
Frequency Chart 9

COPYING PROHIBITED

Note: This publication is NOT licensed for copying under the Copyright Licensing Agency's Scheme, to which Robert Gibson & Sons are not party.

All rights reserved. No part of this publication may be reproduced; stored in a retrieval system; or transmitted in any form or by any means — electronic, mechanical, photocopying, or otherwise — without prior permission of the publisher Robert Gibson & Sons, Ltd., 17 Fitzroy Place, Glasgow, G3 7SF.

Model Paper A — Paper I

Question 1

(a) $\vec{AB} = b - a = \begin{pmatrix} -1 \\ 3 \\ 2 \end{pmatrix} - \begin{pmatrix} -3 \\ 2 \\ 4 \end{pmatrix} = \underline{\underline{\begin{pmatrix} 2 \\ 1 \\ -2 \end{pmatrix}}}$

(b) $|\vec{AB}| = \sqrt{2^2 + 1^2 + (-2)^2} = \sqrt{9} = \underline{\underline{3 \text{ units}}}$

Question 2

(a) If A is the point $(-2, 3)$, then $m_{OA} = \dfrac{3}{-2}$ $\qquad \left\{ m = \dfrac{y_2 - y_1}{x_2 - x_1} \right\}$

$\Rightarrow m_{NR} = \dfrac{2}{3}$ $\qquad \{ m_1 \times m_2 = -1 \}$

Eqn$_{NR}$ is $y - 3 = \dfrac{2}{3}(x - (-2))$ $\qquad \{ y - b = m(x - a) \}$

$3y - 9 = 2x + 4$

$\underline{\underline{3y = 2x + 13}}$

(b) At B(-5, 1); $\left.\begin{aligned} 3y &= 3(1) &= 3 \\ 2x + 13 &= 2(-5) + 13 &= 3 \end{aligned}\right\} \Rightarrow (-5, 1)$ satisfies the Eqn

$\Rightarrow \underline{\underline{(-5, 1) \text{ lies on the line NR}}}$

Question 3

$g(x) = 3x + 4$

$g(0) = 4 \quad \Rightarrow A(0, 4)$ lies on $f(x)$ and $f(0) = 4$

$f'(x) = 2x - 3$

$f(x) = \int (2x - 3) dx = x^2 - 3x + c$ {Integrate and find c}

$f(0) = c = 4$

Hence $f(x) = \underline{\underline{x^2 - 3x + 4}}$

Question 4

"parallel to the x-axis" $\Rightarrow$ gradient $= 0 \Rightarrow f'(x) = 0$

Let $y = f(x) = 2x^3 - 3x^2 - 12x + 20$

$\Rightarrow f'(x) = 6x^2 - 6x - 12 = 0 \qquad$ when $m = 0$

$x^2 - x - 2 = 0$

$(x + 1)(x - 2) = 0$

$x + 1 = 0 \quad$ or $\quad x - 2 = 0$

$\underline{\underline{x = -1}} \quad$ or $\quad \underline{\underline{x = 2}}$

Model Paper A

Question 5

(a) Centre of circle A is (2, 2) $\Rightarrow$ box width = 4 units
Radius of circle A is 2 units $\Rightarrow$ radius of circle B = 2 units

$$\vec{AB} = \frac{2 \text{ boxes along}}{1 \text{ box up}} = \frac{8 \text{ units along}}{4 \text{ units up}} = \begin{pmatrix} 8 \\ 4 \end{pmatrix}$$

$$\vec{AB} = b - a = \begin{pmatrix} 8 \\ 4 \end{pmatrix} \qquad \left\{\begin{matrix} \text{Use translations} \\ \text{like 2D vectors} \end{matrix}\right\}$$

$$b - \begin{pmatrix} 2 \\ 2 \end{pmatrix} = \begin{pmatrix} 8 \\ 4 \end{pmatrix}$$

$$b = \begin{pmatrix} 10 \\ 6 \end{pmatrix} \Rightarrow \text{centre of circle at B is } \underline{\underline{(10, 6)}}$$

(b) Eqn of circle at B is $\underline{\underline{(x-10)^2 + (y-6)^2 = 4}}$ $\qquad \{(x-a)^2 + (y-b)^2 = r^2\}$

Question 6

$\sin(P+Q) = \sin P \cos Q + \cos P \sin Q$

$$= \frac{12}{13} \cdot \frac{4}{5} + \frac{5}{13} \cdot \frac{3}{5}$$

$$= \frac{48}{65} + \frac{15}{65}$$

$$= \underline{\underline{\frac{63}{65}}}$$

{By Pythagoras}

Question 7

If $x = -3$ is a root, then $f(-3) = 0$

```
        2x³ − 3x² + px + 30
  −3 |  2    −3    p       30
             −6    27    −3p − 81
         2   −9   p + 27  −3p − 51  = 0  ⇒  3p = −51
                                              p = −17
```

$(p + 27 = 10)$

```
        2x² − 9x + 10
   2 | 2    −9    10
            4    −10
        2   −5    0
```

$\Rightarrow (x-2)$ is a factor $\Rightarrow$ $\underline{\underline{x = 2}}$ is a root

$\Rightarrow (2x-5)$ is a factor $\Rightarrow$ $\underline{\underline{x = \frac{5}{2}}}$ is a root

Question 8

$y = 2 - f(x)$

$f(x) \to -f(x) + 2$

The graph of $y = f(x)$ is given a reflection in Ox followed by a translation $\binom{0}{2}$.

Question 9

Let $f(x) = 4\sqrt{x} + 3\cos 2x = 4x^{\frac{1}{2}} + 3\cos 2x$

$\Rightarrow f'(x) = \dfrac{1}{2} \cdot 4x^{\frac{-1}{2}} + 3(-\sin 2x) \cdot 2$

$= \underline{\underline{2x^{\frac{-1}{2}} - 6\sin 2x}} \qquad \left\{ \text{or } \dfrac{2}{\sqrt{x}} - 6\sin 2x \right\}$

Question 10

a) LHS $= (\cos x + \sin x)^2 \qquad \left\{ \begin{array}{l} \cos^2 x + \sin^2 x = 1 \\ 2\sin x \cos x = \sin 2x \end{array} \right\}$

$= \cos^2 x + 2\sin x \cos x + \sin^2 x$

$= \underline{\underline{1 + \sin 2x}} = $ RHS

b) $\int (\cos x + \sin x)^2 \, dx = \int (1 + \sin 2x) \, dx$

$= \underline{\underline{x - \dfrac{1}{2}\cos 2x + c}}$

Question 11

a) $k(x) = f(g(x)) = f(3 - 2x) = 2(3 - 2x) - 1 = 6 - 4x - 1 = \underline{\underline{5 - 4x}}$

b) $h(k(x)) = h(5 - 4x) = \dfrac{1}{4}(5 - (5 - 4x)) = \dfrac{1}{4}(4x) = \underline{\underline{x}}$

c) Since $h(k(x)) = x$

Then $\underline{\underline{h = k^{-1}(x)}}$ i.e. h and k are __INVERSES__ of each other

Question 12

$$\int \sqrt{1+3x}\, dx = \int (1+3x)^{\frac{1}{2}}\, dx$$

$$= \frac{2(1+3x)^{\frac{3}{2}}}{3(3)} + c$$

$$= \frac{2}{9}(1+3x)^{\frac{3}{2}} + c$$

Hence $\int_0^1 \sqrt{1+3x}\, dx = \left[\frac{2}{9}(1+3x)^{\frac{3}{2}}\right]_0^1$

$$= \frac{2}{9}\left((4)^{\frac{3}{2}} - (1)^{\frac{3}{2}}\right) \qquad \{4^{\frac{3}{2}} = 8;\ 1^{\frac{3}{2}} = 1\}$$

$$= \frac{2}{9}(7)$$

$$= \underline{\underline{\frac{14}{9}}}$$

Question 13 At P(p, k), $k = \log_e p$; At Q(q, k), $k = \frac{1}{2}\log_e q$

Hence $\log_e p = \frac{1}{2}\log_e q$ \qquad $\{x \log a = \log a^x\}$

$\log_e p = \log_e q^{\frac{1}{2}}$

$\Rightarrow p = q^{\frac{1}{2}}$

$\Rightarrow \underline{p = \sqrt{q}}$ or $\underline{q = p^2}$

If $p = 5$ then $q = 5^2 = \underline{\underline{25}}$

Model Paper A — Paper II

Question 1

$f(x) = x^4 - 2x^3 + 2x - 1$ {$f(x) = (x+1)(x-1)^3$}
$f'(x) = 4x^3 - 6x^2 + 2 = 0$ at St. Val.   {For St. Vs put $f'(x) = 0$}
$2x^3 - 3x^2 + 1 = 0$ {Use synthetic division to factorise $f'(x)$}

```
1 | 2   -3    0    1
  |      2   -1   -1
1 | 2   -1   -1    0      ⇒ (x – 1) is a factor
  |      2    1
    2    1    0            ⇒ (x – 1) is a factor
⇒ (2x + 1) is a factor
```

Hence $f'(x) = (2x+1)(x-1)(x-1) = 0$ at St. Val.
$2x + 1 = 0$ or $x - 1 = 0$
$\Rightarrow x = -\dfrac{1}{2}$ $\Rightarrow \underline{\underline{x = 1}}$ (twice)

$y = f\left(-\dfrac{1}{2}\right) = \dfrac{-27}{16}$ $y = \underline{\underline{f(1) = 0}}$
$\doteq -1 \cdot 7$

Table of Values: {Diagram optional}

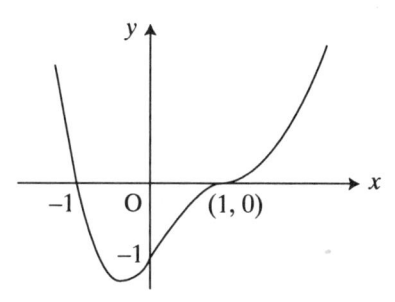

x	$-\frac{1}{2}^-$	$-\frac{1}{2}$	$-\frac{1}{2}^+$	1^-	1	1^+
$f'(x)$	–	0	+	+	0	+
shape	↘	→	↗	↗	→	↗
		Min. T.P.			Pt of Inf.	

$\left(\dfrac{-1}{2}, \dfrac{-27}{16}\right)$ $(1, 0)$
or $(-0 \cdot 5, -1 \cdot 7)$

Minimum Turning Point at $\underline{\underline{\left(\dfrac{-1}{2}, \dfrac{-27}{16}\right)}}$ Rising Horizontal Point of Inflexion at $\underline{\underline{(1, 0)}}$

Question 2

*)   Let $y = 18 - \dfrac{1}{8}x^2 = 0$ on the x axis
$-\dfrac{1}{8}x^2 = -18$
$x^2 = 144$
$x = \pm 12$ $\Rightarrow$ $\underline{\underline{A(-12, 0)}}$ and $\underline{\underline{B(12, 0)}}$

7

(b) Area of Rectangle $= 28 \times 20 = \underline{560 \text{ ft}^2}$

Area of Parabola $= \int_{-12}^{12}\left(18 - \frac{1}{8}x^2\right)dx = 2\int_{0}^{12}\left(18 - \frac{1}{8}x^2\right)dx$

$$= 2\left[18x - \frac{x^3}{24}\right]_0^{12}$$

$$= 2\left(216 - \frac{1728}{24}\right)$$

$$= \underline{288 \text{ ft}^2}$$

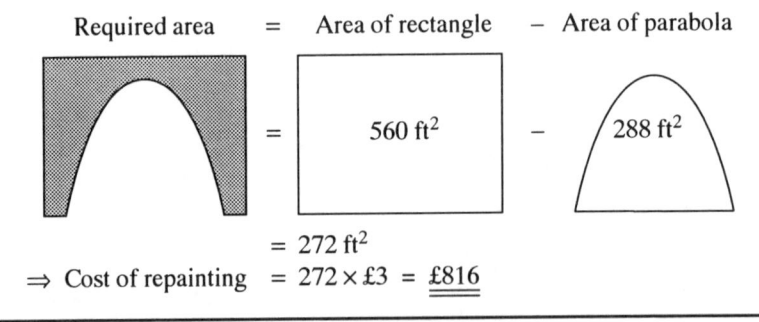

Required area = Area of rectangle − Area of parabola

= 560 ft² − 288 ft²

= 272 ft²

⇒ Cost of repainting $= 272 \times £3 = \underline{\underline{£816}}$

Question 3

(a) Eqn$_{\text{tangent}}$ $y = 2x + 6 \Rightarrow m_{\text{tangent}} = 2 \Rightarrow m_{\text{radius TC}} = \frac{-1}{2}$

Centre point C(4, −1) lies on TC $\{m_t \times m_r = -1\}$

Eqn$_{\text{TC}}$ is $y - (-1) = \frac{-1}{2}(x - 4)$ $\{y - b = m(x - a)\}$

$2y + 2 = -x + 4$

$\underline{x + 2y = 2}$ {"touches" ⇒ tangent}

(b) Eqn$_{\text{tan}}$ is $y = 2x + 6 \Rightarrow$ $-2x + y = 6$ Eqn ① × 1 ⇒ $-2x + y = 6$ Eqn ③

Eqn$_{\text{rad}}$ is $x + 2y = 2$ Eqn ② × 2 ⇒ $2x + 4y = 4$ Eqn ④

③ + ④ ⇒ $5y = 10$

The tangent meets the radius at T(−2, 2) ⇒ $y = 2$

By the distance formula ⇒ $x = -2$

TC² $= (4 - (-2))^2 + (-1 - 2)^2$ $\underline{T(-2, 2)}$

$= 36 + 9$ {Use $(x - a)^2 + (y - b)^2 = r^2$}

$= \underline{\underline{45}}$

Hence the equation of the circle is $\underline{(x - 4)^2 + (y + 1)^2 = 45}$

Model Paper A

Question 4

(a) The line (road) meets the curve (circuit) where:
$-4x - 3 = 5 - 2x^2 - x^3$

$x^3 + 2x^2 - 4x - 8 = 0$
$(x+2)(x+2)(x-2) = 0$
$x = -2$ (twice) and $x = 2$
$\Rightarrow$ tangent at $x = -2$
where $y = 5$

Factorise $f(x) = x^3 + 2x^2 - 4x - 8$

$$\begin{array}{r|rrrr} -2 & 1 & 2 & -4 & -8 \\ & & -2 & 0 & 8 \\ \hline -2 & 1 & 0 & -4 & 0 \Rightarrow (x+2) \text{ is a factor} \\ & & -2 & 4 & \\ \hline & 1 & -2 & 0 \Rightarrow (x+2) \text{ is a factor} \end{array}$$

$\Rightarrow (x-2)$ is a factor

Hence $\underline{\underline{B(-2, 5)}}$ is the point of contact

(b) At $B(-2, 5)$ $\quad\{f(-2) = 5\}$
gradient of line $y = -4x - 3 = \underline{\underline{-4}}$

gradient of curve $y = 5 - 2x^2 - x^3$ $\qquad \dfrac{dy}{dx} = -4x - 3x^2$ $\qquad \{y = mx + c\}$

At $x = -2$ $\quad \dfrac{dy}{dx} = 8 - 12 = \underline{\underline{-4}}$ $\qquad \left\{m = \dfrac{dy}{dx}\right\}$

Since the $\underline{\underline{2 \text{ gradients are equal}}}$, then the drivers go straight on

---

Question 5 $\quad f(a) = 6\sin^2 a - \cos a = 6(1 - \cos^2 a) - \cos a \qquad \{\sin^2 a = 1 - \cos^2 a\}$
$\qquad\qquad\qquad\qquad\qquad\qquad\quad\; = 6 - 6\cos^2 a - \cos a$

$\Rightarrow f(a) = \underline{\underline{-6\cos^2 a - \cos a + 6}} \qquad \begin{cases} p = -6 \\ q = -1 \\ r = 6 \end{cases}$

Hence $6\sin^2 a - \cos a = 5$
$\Rightarrow \quad -6\cos^2 a - \cos a + 6 = 5$
$\quad\quad -6\cos^2 a - \cos a + 1 = 0$
$\quad\quad\; 6\cos^2 a + \cos a - 1 = 0$
$\quad\; (3\cos a - 1)(2\cos a + 1) = 0$
$\quad\; 3\cos a = 1 \text{ or } 2\cos a = -1$
$\quad\quad \cos a = \dfrac{1}{3} \text{ or } \cos a = -\dfrac{1}{2}$ $\qquad$ {Use radians}

$\underline{\underline{a = 1 \cdot 231}}$ or $\underline{\underline{a = 2 \cdot 094}}$ $\qquad \left\{\text{or } \dfrac{2\pi}{3}\right\}$

Question 6

(a) "15% lost" $\Rightarrow$ 85% remains each hour $\{85\% = 0.85\}$
$\Rightarrow$ After 4 hours, the amount of serum remaining $= 0.85^4 \times 25$
$\doteq \underline{13.05 \text{ mg}}$

(b) After 1 dose, amount $\doteq 13.05$ mg < 20
After 2 doses, amount $= (13.05 + 25) \times 0.85^4 \doteq 19.86$ mg < 20
After 3 doses, amount $= (19.86 + 25) \times 0.85^4 \doteq 23.42$ mg > 20
<u>Hence 3 doses are needed</u>

(c) $u_{n+1} = 0.85^4 u_n + 25$
$\Rightarrow u_{n+1} = \underline{0.522 u_n + 25}$ since $0.85^4 = 0.522$

(d) From (c) $u_{n+1} = 0.522 u_n + 25$ $\Rightarrow$ $u_1 = 25$
$u_2 = 38.05$
$u_3 = 44.86$
The level seems to approach a LIMIT $u_4 = 48.42$
If this limit is L $u_5 = 50.27$
Then $L = 0.522 L + 25$ $\vdots \quad \vdots \quad \vdots$
$0.478 L = 25$ $u_{10} = 52.2$
$L \doteq 52.3$ mg $\Rightarrow$ <u>No maximum length of time</u>

$\{\text{Since } 52.3 < 55\}$

Model Paper A

Question 7

(a) Required area A = area Δ + area of rectangle ACDE

Area $\Delta ABC = \dfrac{1}{2} \times 4 \times 4 \sin \theta° = \underline{\underline{8 \sin \theta°}}$

Area ACDE $= \dfrac{1}{2}$ (area square ACFG)

$= \dfrac{1}{2} AC^2$

$= \dfrac{1}{2}(4^2 + 4^2 - 2 \times 4 \times 4 \cos \theta°)$

$= \dfrac{1}{2}(32 - 32 \cos \theta°)$

$= \underline{16 - 16 \cos \theta°}$

Hence $A = 8 \sin \theta° + 16 - 16 \cos \theta°$

$= \underline{\underline{8(2 + \sin \theta° - 2 \cos \theta°)}}$

{Use Cosine Rule to find AC^2}
or alternatively use

$\Rightarrow x = 4 \sin \dfrac{\theta°}{2}$

$\Rightarrow$ area rectangle $= 2x^2$

Then use:

$\sin^2 \dfrac{\theta°}{2} = \dfrac{1}{2}(1 - \cos \theta°)$ etc.

(b) $8 \sin \theta° - 16 \cos \theta° = k \sin(\theta - \alpha)°$
$= k \sin \theta° \cos \alpha° - k \cos \theta° \sin \alpha°$

Here $\left. \begin{array}{l} k \cos \alpha° = 8 \\ k \sin \alpha° = 16 \end{array} \right\}$ $\begin{array}{l} \Rightarrow k^2 = 8^2 + 16^2 = 320 \\ \Rightarrow k = \sqrt{320} \\ = \underline{\underline{8\sqrt{5}}} \end{array}$

$\Rightarrow \tan \alpha° = \dfrac{16}{8} = 2$

$\Rightarrow \underline{\underline{\alpha = 63 \cdot 4}}$

Hence $8 \sin \theta° - 16 \cos \theta° = \underline{\underline{8\sqrt{5} \sin(\theta - 63 \cdot 4)°}}$

(c) When $A = 8 \sin \theta° + 16 - 16 \cos \theta° = 30$ {From part (a)}

Then $16 + 8\sqrt{5} \sin(\theta - 63 \cdot 4)° = 30$ {From part (b)}

$8\sqrt{5} \sin(\theta - 63 \cdot 4)° = 14$

$\sin(\theta - 63 \cdot 4)° \doteq \dfrac{14}{8\sqrt{5}}$ $\{\doteq 0 \cdot 7826\}$

$\theta - 63 \cdot 4 = 51 \cdot 5$ {Ignore $128 \cdot 5$ as $\theta < 180$}

$\underline{\underline{\theta = 114 \cdot 9}}$

11

Model Paper A

Question 8

(a) Since the graph in figure 2 is LINEAR, then $\log_e I = m \log_e t + c$
Here, $\underline{c = 4}$ since (0, 4) is on the line
Also, $m = \dfrac{4-0}{0-5} = \underline{\underline{\dfrac{-4}{5}}}$ $\Rightarrow$ Eqn is $\underline{\underline{\log_e I = \dfrac{-4}{5}\log_e t + 4}}$

(b) If $I = kt^r$
Then $\log_e I = \log_e(kt^r) = \log_e t^r + \log_e k$ {Take logs both sides}
$\Rightarrow \log_e I = r\log_e t + \log_e k$ {Compare with (a)}
From (a) $r = \dfrac{-4}{5} = \underline{\underline{-0\cdot 8}}$ Also $\log_e k = 4$
$\Rightarrow k = e^4 \doteq \underline{\underline{54\cdot 6}}$
Hence $\underline{\underline{I = 54\cdot 6 t^{-0\cdot 8}}}$

Question 9

(a) $C(x) = 2x + y$
$= 2x + 100 - d$
$= 2x + 100 - \sqrt{x^2 - 243}$
$\Rightarrow \underline{\underline{C(x) = 2x + 100 - (x^2 - 243)^{\frac{1}{2}}}}$

By Pythagoras
$x^2 = d^2 + (9\sqrt{3})^2$
$d^2 = x^2 - 243$

$y + d = 100$
$\underline{\underline{y = 100 - d}}$

(b) From (a)
$C(x) = 2x + 100 - (x^2 - 243)^{\frac{1}{2}}$
$\Rightarrow C_1(x) = 2 - \dfrac{1}{2}(x^2 - 243)^{\frac{-1}{2}}(2x) = 0$ at St.Val.

$\dfrac{x}{(x^2 - 243)^{\frac{1}{2}}} = 2$

$\dfrac{x^2}{x^2 - 243} = 4$

$x^2 = 4x^2 - 972$
$972 = 3x^2$
$x^2 = 324$
$\underline{x = 18}$
$\underline{\underline{C(18) = 127}}$

Hence minimum cost = £127 million

Total length $= x + y = 18 + 100 - (18^2 - 243)^{\frac{1}{2}}$
$= 118 - (81)^{\frac{1}{2}}$
$\Rightarrow$ Total length $= \underline{\underline{109 \text{ km}}}$ {or $127 - 18$}

{Ignore $x = -18$}

Table of Values

x	18^-	18	18^+
$C'(x)$	−	0	+
shape	↘	→	↗

Min at (18, 127)

Model Paper B — Paper I

Question 1

$$\int (3x^3 + 4x)dx = \frac{3x^4}{4} + \frac{4x^2}{2} + c$$
$$= \underline{\underline{\frac{3}{4}x^4 + 2x^2 + c}}$$

Question 2

$$\vec{RS} = s - r = \begin{pmatrix} 2 \\ -5 \\ 4 \end{pmatrix} - \begin{pmatrix} -1 \\ -8 \\ -2 \end{pmatrix} = \begin{pmatrix} 3 \\ 3 \\ 6 \end{pmatrix}$$

$$\vec{ST} = t - s = \begin{pmatrix} 3 \\ -4 \\ 6 \end{pmatrix} - \begin{pmatrix} 2 \\ -5 \\ 4 \end{pmatrix} = \begin{pmatrix} 1 \\ 1 \\ 2 \end{pmatrix}$$

Since $\vec{RS} = 3\vec{ST}$, then <u>R, S and T are collinear</u>

Question 3

$\sin\theta° + \sin(\theta + 120)° + \cos(\theta + 150)°$
$= \sin\theta° + \sin\theta°\cos 120° + \cos\theta°\sin 120° + \cos\theta°\cos 150° + \sin\theta°\sin 150°$
$= \sin\theta° + \sin\theta°\left(\dfrac{-1}{2}\right) + \cos\theta°\left(\dfrac{\sqrt{3}}{2}\right) + \cos\theta°\left(\dfrac{-\sqrt{3}}{2}\right) - \sin\theta°\left(\dfrac{1}{2}\right)$
$= \sin\theta° - \sin\theta° + \dfrac{\sqrt{3}}{2}\cos\theta° - \dfrac{\sqrt{3}}{2}\cos\theta°$
$= \underline{\underline{0}}$

Question 4

$$u + v = \begin{pmatrix} -3 \\ 3 \\ 3 \end{pmatrix} + \begin{pmatrix} 1 \\ 5 \\ -1 \end{pmatrix} = \begin{pmatrix} -2 \\ 8 \\ 2 \end{pmatrix}$$

$$u - v = \begin{pmatrix} -3 \\ 3 \\ 3 \end{pmatrix} - \begin{pmatrix} 1 \\ 5 \\ -1 \end{pmatrix} = \begin{pmatrix} -4 \\ -2 \\ 4 \end{pmatrix}$$

$$(u+v) \cdot (u-v) = \begin{pmatrix} -2 \\ 8 \\ 2 \end{pmatrix} \cdot \begin{pmatrix} -4 \\ -2 \\ 4 \end{pmatrix} = 8 - 16 + 8 = 0$$

Since $(u+v) \cdot (u-v) = 0$, then <u>$(u+v)$ and $(u-v)$ are perpendicular</u>

Model Paper B

Question 5

(a) By substituting $y = x$ into $x^2 + y^2 - 6x - 2y - 24 = 0$
We have
$$x^2 + x^2 - 6x - 2x - 24 = 0$$
$$2x^2 - 8x - 24 = 0$$
$$x^2 - 4x - 12 = 0$$
$$(x+2)(x-6) = 0$$
$$x+2 = 0 \text{ or } x-6 = 0$$
$$x = -2 \text{ ; } x = 6$$
$$y = -2 \quad y = 6 \qquad \text{Hence A(6, 6) and } \underline{\underline{B(-2, -2)}}$$

(b) Let C be the mid-point of AB.
Then C, the point (2, 2), is the circle centre and AC is a radius
$AC^2 = (2-(-2))^2 + (2-(-2))^2 = 32$ {using the distance formula}
Hence the equation of the circle on AB is $\underline{\underline{(x-2)^2 + (y-2)^2 = 32}}$
{or $x^2 + y^2 - 4x - 4y - 24 = 0$}

Question 6

(a) $u_2 = 0 \cdot 9 u_1 + 2 = 0 \cdot 9(3) + 2$
Hence $u_2 = \underline{\underline{4 \cdot 7}}$

(b) $u_3 = 0 \cdot 9 u_2 + 2$
$ = 0 \cdot 9 \times 4 \cdot 7 + 2$
$\Rightarrow u_3 = 6 \cdot 23 > 6$
Hence the required value is $\underline{\underline{n = 3}}$

(c) At the limit, let $u_n = u_{n+1} = u$
Then $u = 0 \cdot 9 u + 2$
$0 \cdot 1 u = 2$
$u = 20$ Hence the limit is $\underline{\underline{20}}$

Question 7 $\quad x^2 + 8x + 18 = x^2 + 8x + 16 - 16 + 18$
$\qquad\qquad\qquad\quad = x^2 + 8x + 16 + 2$
$\qquad\qquad\qquad\quad = \underline{\underline{(x+4)^2 + 2}}$
Hence minimum turning point at $\underline{\underline{(-4,\ 2)}}$

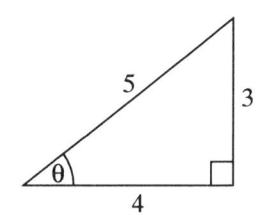

Question 8
(a) {By Pythagoras} $\quad \sin 2\theta = 2\sin\theta\cos\theta$
$\qquad\qquad\qquad\qquad\qquad\qquad\quad = 2 \cdot \dfrac{3}{5} \cdot \dfrac{4}{5} = \underline{\underline{\dfrac{24}{25}}}$
Also $\cos 2\theta = \cos^2\theta - \sin^2\theta$
$\qquad\qquad\quad = \left(\dfrac{4}{5}\right)^2 - \left(\dfrac{3}{5}\right)^2 = \dfrac{7}{25}$

(b) $\sin 4\theta = 2\sin 2\theta \cos 2\theta$
$\qquad\quad = 2\left(\dfrac{24}{25}\right) \cdot \left(\dfrac{7}{25}\right)$
$\qquad\quad = \underline{\underline{\dfrac{336}{625}}}$

Question 9 $\quad y = f(x) = \sqrt{3}x - x^2$
$\qquad\qquad\quad f'(x) = \sqrt{3} - 2x$
$\qquad\qquad\quad f'(0) = \sqrt{3} \Rightarrow \underline{\underline{m = \sqrt{3}}}$ $\qquad \{m = f'(x)\}$
Also $\tan\theta° = \sqrt{3}$ $\qquad\qquad\qquad\qquad \{m = \tan\theta°\}$
$\qquad \Rightarrow \theta = 60$
For $y = x$; $\tan\alpha° = 1$ $\qquad\qquad\qquad \{m = \tan\alpha\}$
$\qquad\qquad \Rightarrow \alpha = 45°$
Hence the required angle is $\underline{\underline{15°}}$ $\qquad \{60° - 45°\}$

Question 10

(a)

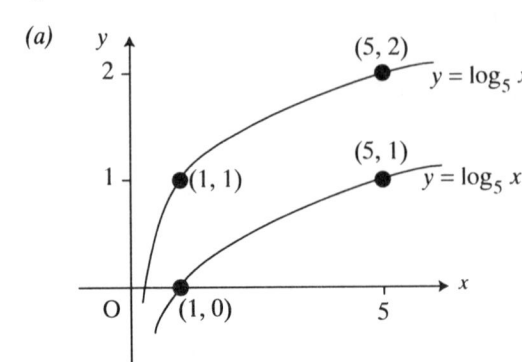

Cuts x-axis where
$\log_5 x + 1 = 0$
$\log_5 x = -1$
$x = 5^{-1}$
$x = \underline{\underline{\dfrac{1}{5}}}$ or $0 \cdot 2$

Hence the crossing point is $\underline{\underline{\left(\dfrac{1}{5},\ 0\right)}}$

(b)

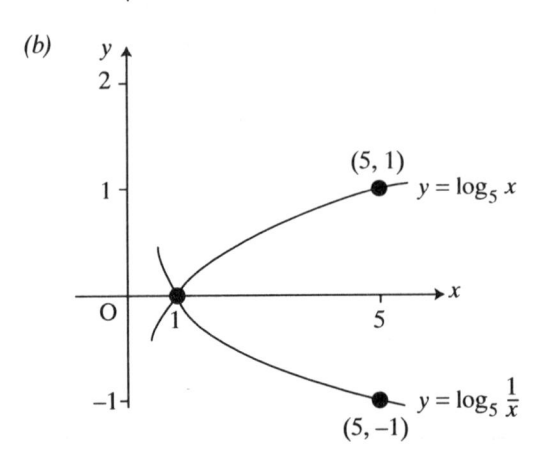

N.B.
$y = \log_5 \dfrac{1}{x}$
$ = \log_5 x^{-1}$
$ = \underline{\underline{-\log_5 x}}$
{Reflection of $y = \log_5 x$}

Question 11

Let $f(x) = \sin^3 x = (\sin x)^3$ (NB Question should read $\sin^3 x$ not $\sin^2 x$)
$\Rightarrow f'(x) = 3(\sin x)^2 \cdot \cos x$
$ = \underline{\underline{3\sin^2 x \cos x}}$

$\int \sin^2 x \cos x\, dx = \dfrac{1}{3}\int 3\sin^2 x \cos x\, dx$

$ = \underline{\underline{\dfrac{1}{3}\sin^3 x + c}}$ {Inverse process}

Question 12

$$f(f(x)) = f\left(\frac{x}{1-x}\right) = \frac{\dfrac{x}{1-x}}{1 - \dfrac{x}{1-x}} \qquad \left\{\text{Multiply by } \frac{1-x}{1-x}\right\}$$

$$= \frac{x}{1-x-x}$$

Hence $f(f(x)) = \underline{\underline{\dfrac{x}{1-2x}}} \qquad \left(x \neq \dfrac{1}{2}\right)$

Question 13

$$\begin{aligned}
3^x &= 27 \\
\log 3^x &= \log 27 \\
x \log 3 &= \log 27 \qquad \{\text{N.B. } 27 = 3^3\} \\
x &= \frac{\log 27}{\log 3} \qquad \{\log 27 = \log 3^3 = 3\log 3\} \\
x &= \frac{3 \log 3}{\log 3} \\
x &= 3
\end{aligned}$$

Hence $\underline{\underline{P(3, 27)}}$ is the required point.

Model Paper B — Paper II

Question 1

(a) $f(x) = 2x^3 + x^2 - 13x + a$ \hfill {y – intercept $= f(0) = a$}

Since $x = 2$ is a root then $f(2) = 0$

(b)
```
 2 | 2   1   -13    a
   |     4    10   -6
-3 | 2   5    -3    0   ⇒  a - 6 = 0
   |    -6     3              a = 6   ⇒  point (0, 6)
   | 2  -1     0   ⇒ (x + 3) is a factor
```

⇒ $(2x - 1)$ is a factor $x = -3$ is a root

$x = \dfrac{1}{2}$ is a root

Hence other points are $(-3, 0)$ and $\left(\dfrac{1}{2}, 0\right)$

Question 2

(a) $m_{OD} = \dfrac{1}{2} \Rightarrow m_{AD} = -2$ \hfill {$m_1 \times m_2 = -1$}

Equation$_{AD}$ $\begin{cases} \text{point } A(3, 4) \\ \text{gradient} = -2 \end{cases}$ \hfill {use $y - b = m(x - a)$}

$y - 4 = -2(x - 3)$
$y = -2x + 10$

(b) At D, $y = \dfrac{1}{2}x$ \hfill {Simultaneous equations}

and $y = -2x + 10$

Hence $0 = 2\dfrac{1}{2}x - 10$

By substitution $\left.\begin{array}{l} x = 4 \\ y = 2 \end{array}\right\}$ ⇒ D is the point $(4, 2)$

(c) Area ABCD $= AD^2 = (4 - 3)^2 + (2 - 4)^2$ \hfill {Distance formula}

⇒ Area $= \underline{5 \text{ units}^2}$

Model Paper B

Question 3

a) B(6, 4, 2); C(4, 3, 4); D(6, 2, 2)

b) Mid point of AD $= \left(\dfrac{2+6}{2}, \dfrac{4+2}{2}, \dfrac{6+2}{2}\right)$
$= (4, 3, 4) = C$

c) $\vec{OA} = a = \begin{pmatrix} 2 \\ 4 \\ 6 \end{pmatrix} \Rightarrow |a| = \sqrt{2^2 + 4^2 + 6^2} = \sqrt{56}$

$\vec{OB} = b = \begin{pmatrix} 6 \\ 4 \\ 2 \end{pmatrix} \Rightarrow |b| = \sqrt{6^2 + 4^2 + 2^2} = \sqrt{56}$

$\cos A\hat{O}B = \dfrac{a \cdot b}{|a||b|} = \dfrac{\begin{pmatrix}2\\4\\6\end{pmatrix} \cdot \begin{pmatrix}6\\4\\2\end{pmatrix}}{\sqrt{56}\sqrt{56}} = \dfrac{12+16+12}{56} = \dfrac{40}{56}$

$\Rightarrow A\hat{O}B = \underline{\underline{44 \cdot 4°}}$

d) Since OA = OB = $\sqrt{56}$
Then △ABO is isosceles $\Rightarrow$ 2A° + 44·4° = 180°
2A° = 135·6°
Hence angle OAB = $\underline{\underline{67 \cdot 8°}}$

Question 4

a) (i) From the equations of the circles:

Centre of small wheel is (0, 3)
Centre of large wheel is (14, 10)

distance² = 14² + 7²
= 245
$\Rightarrow$ distance = $\sqrt{245}$
$\doteq$ 15·65 units

as 1 unit = 5 cm then distance $\doteq$ $\underline{\underline{78 \cdot 3 \text{ cm}}}$

(ii) Radius$_{small}$ = $\sqrt{0+9-0} = 3$
Radius$_{large}$ = $\sqrt{14^2 + 10^2 - 196} = 10$

sum of radii = 13 units
= $\underline{\underline{65 \text{ cm}}}$

Hence the clearance is 78·3 − 65 = 13·3 cm
= $\underline{\underline{133 \text{ mm}}}$

Model Paper B

(b) (i) B(7, 3), P(14,10) $\Rightarrow m_{BP} = \dfrac{10-3}{14-7} = \underline{\underline{1}}$

(ii) Since BP bisects AC, then BP is perpendicular to AC
Hence $m_{AC} = -1$ $\quad \{m_1 \times m_2 = -1\}$

$\text{Equation}_{AC} \begin{cases} B(7, 3) \\ \quad y - 3 = -1(x - 7) \\ \quad \quad \quad y = -x + 10 \\ m = -1 \end{cases}$

Eqn chord $\quad y = -x + 10 \qquad \begin{cases} y^2 = x^2 - 20x + 100 \\ -20y = 20x - 200 \end{cases}$

Eqn circle $\quad x^2 + y^2 - 28x - 20y + 196 = 0$

By substitution:
$$\begin{aligned} x^2 + x^2 - 20x + 100 - 28x + 20x - 200 + 196 &= 0 \\ 2x^2 - 28x + 96 &= 0 \\ x^2 - 14x + 48 &= 0 \\ (x - 8)(x - 6) &= 0 \\ x = 8 \quad \text{or} \quad x &= 6 \\ \underline{y = 2} \qquad \underline{y} &\underline{= 4} \end{aligned}$$

Hence $\underline{\underline{A(8, 2) \text{ and } C(6, 4)}}$

Question 5

(a) $f(x) = 3\sin x° - \cos x° \quad = k \sin(x - \alpha)°$
$ 3\sin x° - \cos x° \quad = k \sin x° \cos \alpha° - k \cos x° \sin \alpha°$

Hence $\left. \begin{array}{l} -k\sin\alpha° = -1 \\ k\cos\alpha° = 3 \end{array} \right\} \Rightarrow -\tan\alpha° = \dfrac{-1}{3}$

$ \underline{\alpha = 18 \cdot 4}$

Also $\quad k^2 = (-1)^2 + 3^2 = 10$
$\phantom{\text{Also} \quad} \underline{k = \sqrt{10}}$

Hence $f(x) = 3\sin x° - \cos x° = \underline{\underline{\sqrt{10}\sin(x - 18 \cdot 4)°}}$

Model Paper B

(b) $3\sin x° - \cos x° = \sqrt{5}$

$\Rightarrow \sqrt{10}\sin(x - 18\cdot 4)° = \sqrt{5}$ {From part (a)}

$\sin(x - 18\cdot 4)° = \dfrac{\sqrt{5}}{\sqrt{10}}$

$\sin(x - 18\cdot 4)° = 0\cdot 707$

$x - 18\cdot 4 = 45, 135$

$x = \underline{\underline{63\cdot 4, 153\cdot 4}}$

Question 6

(a) $m_t = m_0 e^{-0\cdot 02t} \Rightarrow m_{10} = 500e^{-0\cdot 02 \times 10}$
$= \underline{\underline{409\cdot 37 \text{ g}}}$

(b) $m = 500e^{-0\cdot 02t} = 250$ {Take $\log_e$ of both sides}

$e^{-0\cdot 02t} = 0\cdot 5$

$-0\cdot 02t \ln e = \ln 0\cdot 5$

$t = \dfrac{\ln 0\cdot 5}{-0\cdot 02}$ {$\ln = \log_e$}

$t = 34\cdot 66$

Hence the half-life $\doteq \underline{\underline{34\cdot 7 \text{ years}}}$

(c)

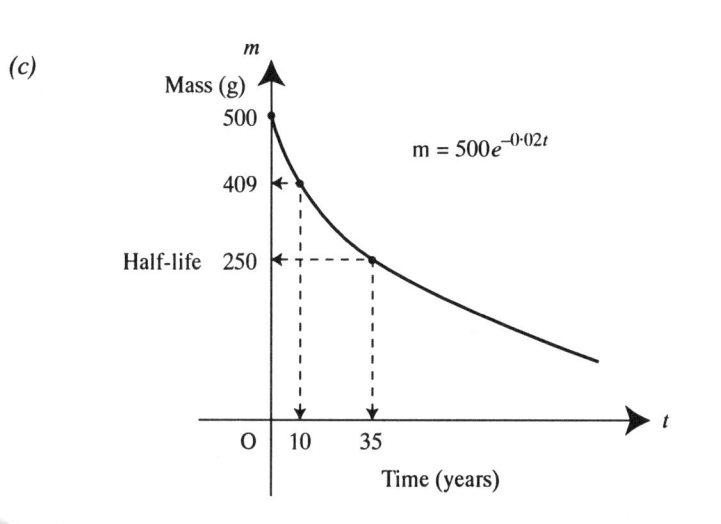

Model Paper B

Question 7

(a) Area $\triangle AEF$ = area rectangle ABCD − (area of $\triangle$s ABE + ADF + ECF)

$$= 8 \times 6 - \left(\frac{1}{2} \times 8x + \frac{1}{2}(8-x)6 + \frac{1}{2}(6-x)x\right)$$

$$= 48 - \left(4x + 24 - 3x + 3x - \frac{x^2}{2}\right)$$

$$\Rightarrow H(x) = 24 - 4x + \frac{x^2}{2}$$

(b) $H(x) = \dfrac{x^2}{2} - 4x + 24$

$H'(x) = x - 4 = $ at St. Val.

$x = 4$
$y = 16$

x	4^-	4	4^+
$H'(x)$	−	0	+
shape	↘	→	↗

Min T.P. at (4, 16)

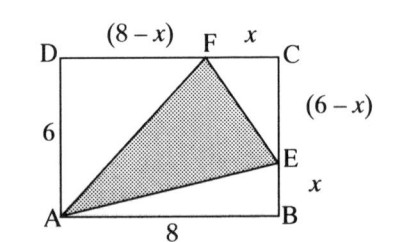

Also, if $x = 0$
then $H(0) = 24$
This is the maximum area

Hence least area   = 16 units^2
       greatest area = 24 units^2

Question 8

(a) $f(x) = 4x^2 - 3x + 5$
$\Rightarrow f(x+1) = 4(x+1)^2 - 3(x+1) + 5$
$= 4(x^2 + 2x + 1) - 3x - 3 + 5$
$= \underline{\underline{4x^2 + 5x + 6}}$

$f(x-1) = 4(x-1)^2 - 3(x-1) + 5$
$= 4(x^2 - 2x + 1) - 3x + 3 + 5$
$= \underline{\underline{4x^2 - 11x + 12}}$

$$\frac{f(x+1) - f(x-1)}{2} = \frac{4x^2 + 5x + 6 - (4x^2 - 11x + 12)}{2}$$

$$= \frac{16x - 6}{2}$$

$$= \underline{\underline{8x - 3}}$$

22

Model Paper B

(b) $g(x) = 2x^2 + 7x - 8$

$g(x+1) = 2(x+1)^2 + 7(x+1) - 8$
$= 2(x^2 + 2x + 1) + 7x + 7 - 8 = 2x^2 + 11x + 1$

$g(x-1) = 2(x-1)^2 + 7(x-1) - 8$
$= 2(x^2 - 2x + 1) + 7x - 7 - 8 = 2x^2 + 3x - 13$

Hence $\dfrac{g(x+1) - g(x-1)}{2} = \dfrac{2x^2 + 11x + 1 - (2x^2 + 3x - 13)}{2}$

$= \dfrac{8x + 14}{2}$

$= \underline{\underline{4x + 7}}$

(c) $f(x) = 4x^2 - 3x + 5;\quad \dfrac{f(x+1) - f(x-1)}{2} = 8x - 3;\ \{f'(x) = 8x - 3\}$

$g(x) = 2x^2 + 7x - 8;\quad \dfrac{g(x+1) - g(x-1)}{2} = 4x + 7;\ \{g'(x) = 4x + 7\}$

If $h(x) = 3x^2 + 5x - 1$

Then $\dfrac{h(x+1) - h(x-1)}{2} = \underline{\underline{6x + 5}}$ as this is $h'(x)$

Question 9

(a)
$y = x^2 + px + q$

At A(2, 2); $\quad 2 = 2^2 + 2p + q$

$-2 = 2p + q$

$q = \underline{\underline{-2p - 2}}\quad$ or $\quad p = -\dfrac{1}{2}(q + 2)$

(b) $f(x) = x^2 + px + q$

$f'(x) = 2x + p =$ gradient of the curve

$f'(2) = 4 + p = 1\quad\quad$ {gradient of tangent at A}

$\left.\begin{array}{l} p = -3 \\ \underline{\underline{q = 4}} \end{array}\right\}$ Hence Eqn is $\underline{\underline{y = x^2 - 3x + 4}}$

(c) For $y = x^2 - 3x + 4;\ \left.\begin{array}{l} a = 1 \\ b = -3 \\ c = 4 \end{array}\right\} \Rightarrow b^2 - 4ac = 9 - 4 \times 1 \times 4 = -7,\ \underline{\text{no real roots}}$

$\underline{\text{Curve doesn't meet the x-axis}}$

Model Paper B

Question 10

At $y = 1$; $\frac{1}{4}x^2 = 1$　　　　At $y = 9$; $\frac{1}{4}x^2 = 9$
　　　　　　$x^2 = 4$　　　　　　　　　　　　$x^2 = 36$
　　　　　　$\underline{\underline{x\ = \pm 2}}$　　　　　　　　　　　$\underline{\underline{x\ = \pm 6}}$

This area is symmetrical about the y-axis.

Area in the first quadrant
can be split up as shown:

$$\text{Area} = 8 \times 2 + 9 \times 4 - \int_2^6 \frac{1}{4}x^2\, dx$$

$$= 52 - \left[\frac{x^3}{12}\right]_2^6$$

$$= 52 - \left\{\left(\frac{6^3}{12}\right) - \left(\frac{2^3}{12}\right)\right\}$$

$$= 52 - \left\{18 - \frac{2}{3}\right\}$$

$$= 52 - 17\frac{1}{3}$$

$$= \frac{104}{3} \Rightarrow \text{Required area} = \underline{\underline{\frac{208}{3}\ \text{m}^2}} \quad \{\text{Multiply by 2}\}$$

$$\Rightarrow \text{Required volume} = \underline{\underline{4160\ \text{m}^3}} \quad \{\text{Multiply by 60}\}$$

{Other divisions of the area are possible}

Alternative solution to Q10, involves integration w.r. to "y"

If $y = \frac{1}{4}x^2$ then $x = 2\sqrt{y}$
$$= 2y^{\frac{1}{2}}$$

$$\text{Area} = 2\int_1^9 \left(2y^{\frac{1}{2}}\right) dy$$

$$= 2\left[\frac{4}{3}y^{\frac{3}{2}}\right]_1^9$$

$$= 2\left\{\left(\frac{4}{3} \cdot 9^{\frac{3}{2}}\right) - \left(\frac{4}{3} \cdot 1^{\frac{3}{2}}\right)\right\}$$

$$= 2\left(36 - \frac{4}{3}\right)$$

$$= \underline{\underline{69\tfrac{1}{3}\ \text{m}^2}} \Rightarrow \text{vol} = \underline{\underline{4160\ \text{m}^3}}$$

$y = \frac{1}{4}x^2$ or $x = 2\sqrt{y}$

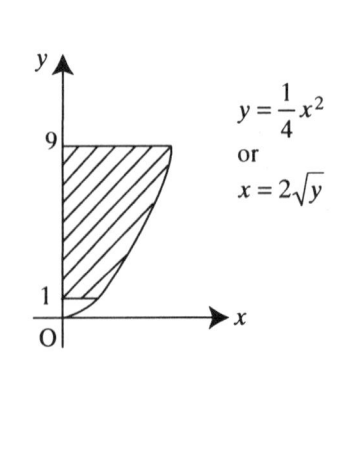

Model Paper C — Paper I

Question 1

(a) If $x-3$ is a factor, then $f(3)=0$
$f(x)=2x^3+3x^2-23x-12$

$$\begin{array}{r|rrrr} 3 & 2 & 3 & -23 & -12 \\ & & 6 & 27 & 12 \\ \hline & 2 & 9 & 4 & 0 \end{array} \Rightarrow (x-3) \text{ is a factor}$$

(b)
$$\begin{array}{r|rrr} -4 & 2 & 9 & 4 \\ & & -8 & -4 \\ \hline & 2 & 1 & 0 \end{array} \Rightarrow (x+4) \text{ is a factor}$$

Hence $(2x+1)$ is a factor
so $f(x)=2x^3+3x^2-23x-12 = (x-3)(x+4)(2x+1)$

Question 2

$$\int (6x^2 - x + \cos x)\,dx = \frac{6x^3}{3} - \frac{x^2}{2} + \sin x + c$$
$$= 2x^3 - \frac{1}{2}x^2 + \sin x + c$$

Question 3

Let $a = \begin{pmatrix} 1 \\ 2 \\ -1 \end{pmatrix}$ and $b = \begin{pmatrix} -4 \\ 3 \\ k-1 \end{pmatrix}$

If perpendicular, then $a \cdot b = 0$
$\Rightarrow 1 \times (-4) + 2 \times 3 + (-1)(k-1) = 0$
$-4 + 6 - k + 1 = 0$
$-k = -3$
$\Rightarrow k = 3$

Model Paper C

Question 4 $A_1(-4, -1)$; $A_2(-1, 1)$; $S(5, 4)$;
$$m_{A_1A_2} = \frac{1+1}{-1+4} = \frac{2}{3}; \quad m_{A_2S} = \frac{4-1}{5+1} = \frac{3}{6} = \frac{1}{2}$$
Since $m_{A_1A_2} \neq m_{A_2S}$; then A_1, A_2 and S are NOT collinear
And "Achilles" will NOT pass directly over the submarine

$B_1(-7, -11)$; $B_2(1, -1)$; $S(5, 4)$;
$$m_{B_1B_2} = \frac{-1+11}{1+7} = \frac{10}{8} = \frac{5}{4}; \quad m_{B_2S} = \frac{4+1}{5-1} = \frac{5}{4}$$
Since $m_{B_1B_2} = m_{B_2S}$; then B_1, B_2 and S are collinear
And "Belligerent" will pass directly over the submarine

Question 5
$$y = \frac{4}{x^2} + x\sqrt{x} = 4x^{-2} + x^{\frac{3}{2}}$$
$$\Rightarrow \frac{dy}{dx} = -8x^{-3} + \frac{3}{2}x^{\frac{1}{2}}$$
$$= \frac{-8}{x^3} + \frac{3}{2}\sqrt{x}$$

Question 6 Let C be the mid-point of PQ
Then C is $\left(\frac{-2+4}{2}, \frac{-1+5}{2}\right)$
$\Rightarrow C(1, 2)$ is the centre of the circle
PC is the radius
$PC^2 = (1+2)^2 + (2+1)^2 = 18$
Hence the equation of the circle is $(x-1)^2 + (y-2)^2 = 18$

Question 7

(a) $f(x) = \dfrac{1}{x^2 - 4}$; $g(x) = 2x + 1$

$h(x) = g(f(x)) = 2\left(\dfrac{1}{x^2 - 4}\right) + 1$

$= \dfrac{2}{x^2 - 4} + 1 = \dfrac{2}{x^2 - 4} + \dfrac{x^2 - 4}{x^2 - 4} = \underline{\underline{\dfrac{x^2 - 2}{x^2 - 4}}}$

(b) We require $x^2 - 4 \neq 0$ for a suitable domain

Hence $\underline{\underline{x \neq -2 \text{ or } 2}}$

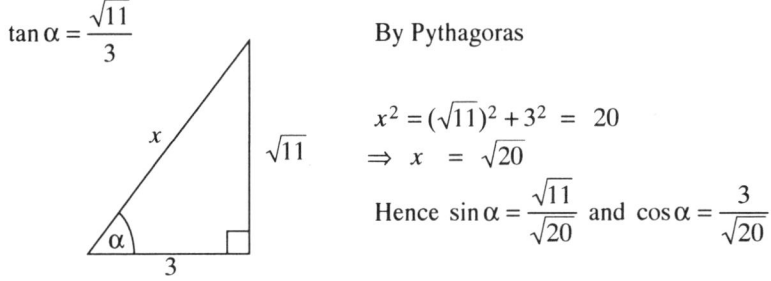

Question 8

$\tan \alpha = \dfrac{\sqrt{11}}{3}$

By Pythagoras

$x^2 = (\sqrt{11})^2 + 3^2 = 20$
$\Rightarrow x = \sqrt{20}$

Hence $\sin \alpha = \dfrac{\sqrt{11}}{\sqrt{20}}$ and $\cos \alpha = \dfrac{3}{\sqrt{20}}$

$\sin 2\alpha = 2 \sin \alpha \cos \alpha = 2 \dfrac{\sqrt{11}}{\sqrt{20}} \cdot \dfrac{3}{\sqrt{20}} = \dfrac{6\sqrt{11}}{20}$

$\Rightarrow \sin 2\alpha = \underline{\underline{\dfrac{3\sqrt{11}}{10}}}$

Question 9

$k \sin x° = 2 \Rightarrow k^2 \sin^2 x° = 4$ —— ③
$k \cos x° = 2 \Rightarrow k^2 \cos^2 x° = 4$ —— ④

$\Rightarrow \tan x° = \dfrac{2}{2}$

$x = \underline{\underline{45°}}$

③ + ④ $k^2 \sin^2 x° + k^2 \cos^2 x° = 8$

$k^2 (\sin^2 x° + \cos^2 x°) = 8$

$k^2 = 8$

$k = \underline{\underline{\sqrt{8}}}$

Question 10

$$m = f'(x)$$
$$m = \frac{2-0}{0-6} = \frac{2}{-6} = \frac{-1}{3}$$
$$\Rightarrow f'(x) = \underline{\underline{\frac{-1}{3}}}$$

Question 11

(a)

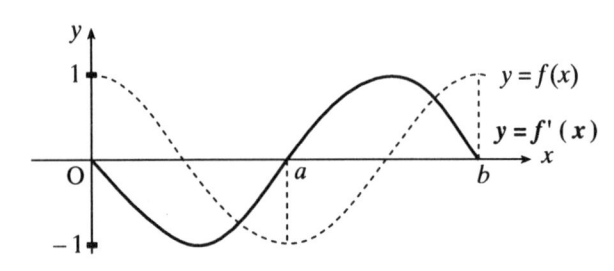

[Graph showing $y = f(x)$ and $y = f'(x)$ with axes labelled, points a and b on x-axis, and y-values at 1 and -1]

(b) $f'(x)$ could be $\underline{\underline{y = -\sin x}}$

Question 12 Since graph is a "straight line" $\{y = mx + c\}$

then $\log_{10} y = m \log_{10} x + c$
"gradient" $= 2$; so $m = 2$
"passes through" $(0, 1) \Rightarrow c = 1$
Let $c = \log_{10} A = 1$
$\Rightarrow A = 10$

Hence $\log_{10} y = 2 \log_{10} x + 1$ $\{\log_{10} 10 = 1\}$
              $= 2 \log_{10} x + \log_{10} 10$ $\{2 \log x = \log x^2\}$
              $= \log_{10} x^2 + \log_{10} 10$ $\{\log a + \log b = \log ab\}$
              $= \log_{10} 10 x^2$
so $\Rightarrow y = \underline{\underline{10 x^2}}$

Model Paper C

Question 13 $f(x) = a\log_2(x-b)$ goes through $(3, 0)$, not $(1, 0)$
$\Rightarrow$ graph moved "b" units to the right, where $\underline{\underline{b = 2}}$

At $(4, 3)$ $\quad a\log_2(4-b) = 3$
$\qquad\qquad a\log_2(4-2) = 3$
$\qquad\qquad a\log_2 2 = 3 \qquad\qquad \{\log_2 2 = 1\}$
$\qquad\qquad\qquad a = \underline{\underline{3}}$

Question 14 $\quad (x+1)(x+k) \quad = -4$
$\quad x^2 + x + kx + k + 4 \quad = 0$
$\quad x^2 + (k+1)x + k + 4 \quad = 0 \qquad$ {In the form $ax^2 + bx + c = 0$}
Here $a = 1$; $b = k+1$; $c = 4+k$; for equal roots $b^2 - 4ac = 0$
Hence $\quad (k+1)^2 - 4(1)(4+k) = 0$
$\qquad\quad k^2 + 2k + 1 - 16 - 4k = 0$
$\qquad\quad k^2 - 2k - 15 = 0$
$\qquad\quad (k-5)(k+3) = 0$

$\qquad\qquad k = \underline{\underline{+5}}$ or $k = \underline{\underline{-3}}$

Queston 15

(a) Let $\quad h(t) = 20t - 5t^2$
$\qquad\qquad h'(t) = 20 - 10t \quad$ {Thrown at $t = 0$}
$\quad\Rightarrow h'(0) = 20 \Rightarrow$ initial speed $= \underline{\underline{20 \text{ m s}^{-1}}}$

(b) From *(a)* $\quad h'(t) = 20 - 10t$
$\qquad\qquad\quad h'(2) = 20 - 10 \times 2 = 0$
$\quad\Rightarrow$ speed $= \underline{\underline{0}}$ after 2 seconds. $\underline{\text{The ball is stationary.}}$
{Maximum height is reached 20 m above thrown height}

Model Paper C — Paper II

Question 1

(a) In $\triangle ABC$;   A(4, 8); B(1, 2)
$$\Rightarrow AB^2 = (8-2)^2 + (4-1)^2 = 36 + 9 = 45$$
A(4, 8); C(7, 2)
$$\Rightarrow AC^2 = (8-2)^2 + (4-7)^2 = 36 + 9 = 45$$
Since $AB = AC = \sqrt{45}$ $\{3\sqrt{5}\}$
Then <u>$\triangle ABC$ is isosceles</u>

(b) (i) $m_{BC} = \dfrac{2-2}{7-1} = 0 \Rightarrow m_{AD}$ is undefined   {AD is vertical}

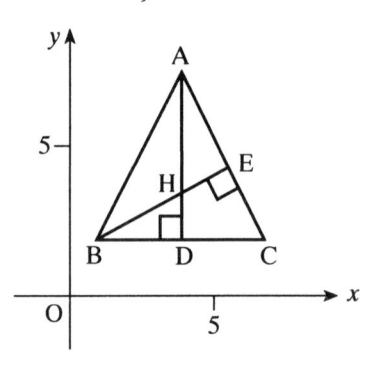

Let D be the mid-point of BC
Then D is the point (4, 2)
And eqn of AD is $\underline{x = 4}$ —— Eqn ①

$m_{AC} = \dfrac{9-2}{4-7} = \dfrac{6}{-3} = -2 \Rightarrow m_{BE} = \dfrac{1}{2}$

$\text{Eqn}_{BE} \begin{cases} B(1, 2) & y - 2 = \dfrac{1}{2}(x-1) \\ m = \dfrac{1}{2} & 2y - 4 = x - 1 \\ & \underline{2y = x + 3} \end{cases}$ —— Eqn ②

By substitution from Eqn ① $2y = 4 + 3$
$$y = \dfrac{7}{2}$$

Hence H is the point $\underline{\underline{\left(4, \dfrac{7}{2}\right)}}$

(ii) A(4, 8); D(4, 2) $\Rightarrow$ DA = 6
    $H\left(4, \dfrac{7}{2}\right)$; D(4, 2) $\Rightarrow$ DH = $1\dfrac{1}{2}$ $\Bigg\} \Rightarrow$ <u><u>H lies one quarter of the way up DA</u></u>

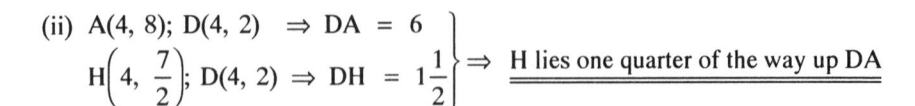

30

Question 2

(a) $y = f(x) = x^3 - 2x^2 + x \Rightarrow f(2) = 8 - 8 + 2 = 2 \Rightarrow P(2, 2)$
$f'(x) = 3x^2 - 4x + 1 \Rightarrow f'(2) = 12 - 8 + 1 = 5 \Rightarrow m = 5$

$\text{Eqn}_{\text{tangent}} \begin{cases} P(2, 2) \\ m = 5 \end{cases} \quad y - 2 = 5(x - 2)$

$y - 2 = 5x - 10$
$y = \underline{\underline{5x - 8}}$

(b) They meet where:
$x^3 - 2x^2 + x = 5x - 8$
$x^3 - 2x^2 - 4x + 8 = 0$
$(x - 2)(x - 2)(x + 2) = 0$
$x = 2 \text{ (twice) or } x = -2$
$f(-2) = -8 - 8 - 2 = -18$
Hence they meet again at $\underline{\underline{(-2, -18)}}$

Factorise

```
2 | 1  -2  -4   8
  |     2   0  -8
2 | 1   0  -4   0
  |     2   4
    1   2   0
           (x + 2)
```

Question 3

<u>For "Killpest"</u>

65% destroyed $\Rightarrow$ 35% remain
Hence $K_{n+1} = 0 \cdot 35 K_n + 500$
In the long term:
$K_{n+1} \to K_n \to K$ is a limit value
Hence $K = 0 \cdot 35 K + 500$
$0 \cdot 65 K = 500$
$K = 769 \cdot 2$
$\doteqdot \underline{\underline{769}}$

<u>For "Pestkill"</u>

85% destroyed $\Rightarrow$ 15% remain
Hence $P_{n+1} = 0 \cdot 15 P_n + 650$
In the long term:
$P_{n+1} \to P_n \to P$ is a limit value
Hence $P = 0 \cdot 15 P + 650$
$0 \cdot 85 P = 650$
$P = 764 \cdot 7$
$\doteqdot \underline{\underline{765}}$

Hence "<u>Pestkill</u>" is marginally more effective in the long term

Model Paper C

Question 4

(a) (i) Amplitude $= 2 \Rightarrow b = 2$
Frequency $= 3 \Rightarrow \underline{a = 3}$ } $f(x) = 2\sin 3x°$

(ii) Amplitude $= 3 \Rightarrow d = 3$
Frequency $= 3 \Rightarrow \underline{c = 3}$ } $g(x) = 3\cos 3x°$

(b) $h(x) = f(x) + g(x)$
$= 2\sin 3x° + 3\cos 3x° = q\sin(px + r)°$
Hence $2\sin 3x° + 3\cos 3x° = q\sin px°\cos r° + q\cos px°\sin r°$
Here $\underline{p = 3}$

$q\sin r° = 3$
$q\cos r° = 2$ } $\Rightarrow \dfrac{q\sin r°}{q\cos r°} = \dfrac{3}{2}$

$\tan r° = \dfrac{3}{2}$

$r° = \underline{56 \cdot 3}$

$q^2 \sin^2 r° = 9$
$q^2 \cos^2 r° = 4$ } $\Rightarrow q^2(\sin^2 r + \cos^2 r) = 13$

$q = \underline{\sqrt{13}}$

Hence $\underline{h(x) = \sqrt{13}\sin(3x + 56 \cdot 3)°}$

Question 5

(a) $|\vec{BR}|^2 = (7-5)^2 + (2-(-5))^2 + (3-(-1))^2$
$= 4 + 49 + 16 = 69$

$|\vec{BR}| = \sqrt{69} \Rightarrow$ distance $= \underline{2\sqrt{69} \text{ km}}$

(b) $|\vec{MR}|^2 = (7-(-2))^2 + (2-4)^2 + (3 \cdot 85)^2$
$= 81 + 4 + 30 \cdot 25 = 115 \cdot 25$

$|\vec{MR}| = \sqrt{115 \cdot 25} \Rightarrow$ distance $= 2\sqrt{115 \cdot 25}$ km

Speed $= \dfrac{\text{distance}}{\text{time}} = \dfrac{2\sqrt{115 \cdot 25}}{\dfrac{3}{60}} = 429 \cdot 42$

$\doteq \underline{429 \text{ km/hr}}$

Model Paper C

(c) $\vec{TC} = \underline{c} - \underline{t} = \begin{pmatrix} 12 \\ -4 \\ 1 \end{pmatrix} - \begin{pmatrix} 0 \\ 0 \\ 0 \end{pmatrix} = \begin{pmatrix} 12 \\ -4 \\ 1 \end{pmatrix}$

$\vec{BR} = \underline{r} - \underline{b} = \begin{pmatrix} 7 \\ 2 \\ 3 \end{pmatrix} - \begin{pmatrix} 5 \\ -5 \\ -1 \end{pmatrix} = \begin{pmatrix} 2 \\ 7 \\ 4 \end{pmatrix}$

$\vec{TC} \cdot \vec{BR} = \begin{pmatrix} 12 \\ -4 \\ 1 \end{pmatrix} \cdot \begin{pmatrix} 2 \\ 7 \\ 4 \end{pmatrix} = 12 \times 2 + (-4) \times 7 + 1 \times 4 = 0$

$\Rightarrow$ <u>TC is perpendicular to BR</u> (since $\vec{TC} \cdot \vec{BR} = 0$)

(d) Let $\angle TCR = \theta°$; then $\cos\theta° = \dfrac{\vec{CT} \cdot \vec{CR}}{|\vec{CT}| \, |\vec{CR}|}$ $\left\{\vec{CR} = \begin{pmatrix} -5 \\ 6 \\ 2 \end{pmatrix}\right\}$

$= \dfrac{\begin{pmatrix} -12 \\ 4 \\ -1 \end{pmatrix} \cdot \begin{pmatrix} -5 \\ 6 \\ 2 \end{pmatrix}}{\sqrt{161} \quad \sqrt{65}}$ $\left\{\dfrac{82}{102 \cdot 3}\right\}$

$= 0 \cdot 802$

$\Rightarrow \theta = \underline{36 \cdot 7}$ Hence <u>$\angle TCR = 36 \cdot 7°$</u>

Question 6

$$y = f(x) = ax^2 + bx + c \Rightarrow f(0) = \underline{\underline{c = 3}}$$

$$f'(x) = 2ax + b \qquad \begin{aligned} f'(-1) &= m_1 = \tan 45° = 1 \\ f'(2) &= m_2 = \tan 135° = -1 \\ \{f'(x) &= \text{gradient} = \tan\theta°\} \end{aligned}$$

So $\quad f'(-1) = -2a + b = 1 \quad$ ——①
$\quad\quad f'(2) = \underline{4a + b = -1} \quad$ ——②

① − ② $\quad -6a = 2 \qquad$ Substitute in ① — $-2\left(\dfrac{-1}{3}\right) + b = 1$

$$\underline{a = -\dfrac{1}{3}} \qquad\qquad\qquad \underline{b = \dfrac{1}{3}}$$

Hence $f(x) = -\dfrac{1}{3}x^2 + \dfrac{1}{3}x + 3\ $ and $\ \underline{\underline{a = -\dfrac{1}{3};\ b = \dfrac{1}{3}\ ;\ c = 3}}$

Model Paper C

Question 7

$$\text{Eqn } (x+12)^2 + (y+15)^2 = 25 \Rightarrow A(-12, -15) \quad \underline{\text{Radius A} = 5}$$
$$\text{Eqn } (x-24)^2 + (y-12)^2 = 100 \Rightarrow C(24, 12) \quad \underline{\text{Radius C} = 10}$$
$$A(-12, -15), C(24, 12) \Rightarrow AC^2 = 36^2 + 27^2 = 2025$$
$$\Rightarrow AC = \underline{\underline{45}}$$

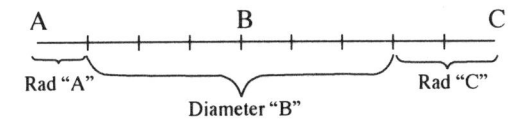

```
A              B              C
|--+--+--+--+--+--+--+--+--|
 Rad "A"           Rad "C"
     Diameter "B"
```

$$\begin{aligned} AC = \text{Rad "A"} + \text{Diam "B"} + \text{Rad "C"} &= 45 \\ 5 + \text{Diam "B"} + 10 &= 45 \\ \Rightarrow \text{Diam "B"} &= 30 \\ \Rightarrow \text{Rad "B"} &= \underline{\underline{15}} \end{aligned}$$

Hence $AB : BC$
$20 : 25$
$\underline{\underline{4 : 5}}$

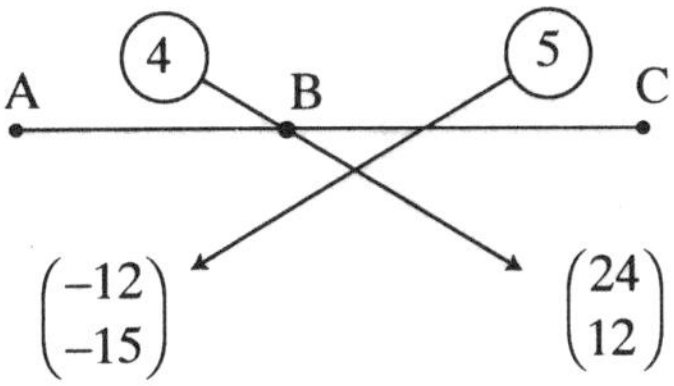

$$b = \frac{4c + 5a}{9}$$

$$b = \frac{4\binom{24}{12} + 5\binom{-12}{-15}}{9} = \frac{\binom{36}{-27}}{9} = \binom{4}{-3}$$

$\Rightarrow$ B is the point $(4, -3)$

Circle centre $B(4, -3)$ and Radius $= 15$
Equation is $\underline{(x-4)^2 + (y+3)^2 = 225}$ {or $x^2 + y^2 - 8x + 6y - 200 = 0$}

Question 8

(a) $$\begin{aligned} \sin 3x = \sin(2x + x) &= \sin 2x \cos x + \cos 2x \sin x \\ &= 2 \sin x \cos x \cos x + (1 - 2\sin^2 x) \sin x \\ &= 2 \sin x \cos^2 x + \sin x - 2 \sin^3 x \\ &= 2 \sin x (1 - \sin^2 x) + \sin x - 2 \sin^3 x \\ &= 2 \sin x - 2 \sin^3 x + \sin x - 2 \sin^3 x \end{aligned}$$

Hence $\sin 3x = \underline{3 \sin x - 4 \sin^3 x}$

(b) From (a) $\sin 3x = 3 \sin x - 4 \sin^3 x \Rightarrow \sin^3 x = \frac{1}{4}(3 \sin x - \sin 3x)$

So $$\begin{aligned} \int \sin^3 x \, dx &= \frac{1}{4} \int (3 \sin x - \sin 3x) \, dx \\ &= \underline{\frac{-3}{4} \cos x + \frac{\cos 3x}{12} + C} \end{aligned}$$

35

Question 9

(a) Area $= \int (y_{\text{curve}} - y_{\text{line}})\,dx$

The line meets the curve where $\left\{ y = 4 - \dfrac{1}{3}x = 0 \Rightarrow x = 12 \right\}$

$$4 - \frac{1}{3}x = 4 + \frac{5}{3}x - \frac{1}{6}x^2$$

$$\frac{1}{6}x^2 - \frac{6}{3}x = 0$$

$$x^2 - 12x = 0$$

$$x(x-12) = 0$$

$$\underline{x = 0} \text{ or } \underline{x = 12}$$

{These are the limits}

Area $= \displaystyle\int_0^{12} \left(4 + \frac{5}{3}x - \frac{1}{6}x^2 - \left(4 - \frac{1}{3}x\right) \right) dx$

$= \displaystyle\int_0^{12} \left(2x - \frac{1}{6}x^2 \right) dx$

$= \left[x^2 - \dfrac{x^3}{18} \right]_0^{12}$

$= \{(144 - 96) - (0)\}$

Area $= \underline{\underline{48 \text{ units}^2}}$

(b) $\dfrac{1}{2}$ Area $= \displaystyle\int_0^p \left(2x - \dfrac{x^2}{6} \right) dx = 24$

$\Rightarrow p^2 - \dfrac{p^3}{18} = 24$ {from (a)}

$18p^2 - p^3 = 432$

$\underline{p^3 - 18p^2 + 432 = 0}$

(c) (i) Let $f(p) = p^3 - 18p^2 + 432$

```
6 | 1   -18    0    432
  |       6  -72   -432
    1   -12  -72     0
```
$\Rightarrow f(6) = 0$ i.e. $\underline{p = 6 \text{ is a solution}}$

(ii) Let $p^2 - 12p - 72 = 0$ {Use the quadratic formula}

$\left.\begin{array}{l} a = 1 \\ b = -12 \\ c = -72 \end{array}\right\}$ $b^2 - 4ac \Rightarrow p = \dfrac{12 \pm \sqrt{432}}{2} = \dfrac{12 \pm 20 \cdot 78}{2}$
$= 432$

$\Rightarrow p \doteq \underline{-4 \cdot 4 \text{ or } 16 \cdot 4}$

(iii) Since $0 < p < 12$; $\underline{\underline{p = 6 \text{ is the only valid solution}}}$

$\{p = -4 \cdot 4 < 0;\ p = 16 \cdot 4 > 12\}$

Question 10

(a)

By Pythagoras
$$(\sqrt{20})^2 = AB^2 + x^2 = 20$$
$$\Rightarrow AB^2 = 20 - x^2$$
$$AB = \underline{\underline{\sqrt{20-x^2}}}$$

Total length $T = CB + AB$
$$= \underline{\underline{2x + \sqrt{20-x^2}}}$$

(b) $T(x) = 2x + (20-x^2)^{\frac{1}{2}}$

$T'(x) = 2 + \dfrac{1}{2}(20-x^2)^{\frac{-1}{2}}(-2x)$

$\Rightarrow 2 - \dfrac{x}{\sqrt{20-x^2}} = 0$ at S.V.

$2\sqrt{20-x^2} - x = 0$

$2\sqrt{20-x^2} = x$ or $\underline{\underline{x = 2\sqrt{20-x^2}}}$

(c) From (b) $x = 2\sqrt{20-x^2}$
$x^2 = 4(20-x^2)$
$x^2 = 80 - 4x^2$
$5x^2 = 80$
$x^2 = 16$
$x = \underline{\underline{4}}$ {Ignore $x = -4$}

From (a) $T = 2x + \sqrt{20-x^2}$

at $x = 4$; $T = 2(4) + \sqrt{20-(4)^2}$

$= 8 + \sqrt{4}$

$\underline{T = 10}$

$\begin{cases} AB = \sqrt{20-x^2} \\ AB = \sqrt{20-4^2} \end{cases}$

$\begin{cases} AB = \sqrt{20-16} \\ AB = \sqrt{4} \\ AB = \underline{\underline{2}} \end{cases}$

x	4^-	4	4^+
$T'(x)$	+	0	−
Shape	↗	→	↘
		Max	

$\underline{\underline{T = 10 \text{ is the max length}}}$ {A is the point (4, 2)}

Model Paper D — Paper I

Question 1 Eqn of circle is $x^2 + y^2 + 2x - 4y - 15 = 0$
$\Rightarrow$ centre C(−1, 2) {centre $(-g, -f)$}
Since A(3, 4) and C(−1, 2)

$$m_{\text{radius AC}} = \frac{4-2}{3+1} = \frac{1}{2}$$

$\Rightarrow m_{\text{tangent}} = -2$ {since $m_1 \times m_2 = -1$}

$\text{Eqn}_{\text{tangent}} \begin{cases} A(3, 4) \\ \\ m = -2 \end{cases}$

$\begin{aligned} y - 4 &= -2(x - 3) \\ y - 4 &= -2x + 6 \\ \underline{\underline{2x + y}} &\underline{\underline{= 10}} \end{aligned}$

Question 2 $\displaystyle\int_{-3}^{0}(2x+3)^2 dx = \left[\frac{(2x+3)^3}{3(2)}\right]_{-3}^{0}$

$= \left\{\left(\frac{3^3}{6}\right) - \left(\frac{(-3)^3}{6}\right)\right\}$

$= \frac{27}{6} - \left(\frac{-27}{6}\right)$

$= \underline{\underline{9}}$

38

Question 3

$$a = \begin{pmatrix} 2 \\ -5 \\ 6 \end{pmatrix}; \quad b = \begin{pmatrix} 6 \\ -3 \\ 4 \end{pmatrix}; \quad c = \begin{pmatrix} 12 \\ 0 \\ 1 \end{pmatrix}$$

(A, B, C above the vectors)

$$\left.\begin{array}{l}\vec{AB} = b - a = \begin{pmatrix} 6 \\ -3 \\ 4 \end{pmatrix} - \begin{pmatrix} 2 \\ -5 \\ 6 \end{pmatrix} = \begin{pmatrix} 4 \\ 2 \\ -2 \end{pmatrix} \\ \vec{BC} = c - b = \begin{pmatrix} 12 \\ 0 \\ 1 \end{pmatrix} - \begin{pmatrix} 6 \\ -3 \\ 4 \end{pmatrix} = \begin{pmatrix} 6 \\ 3 \\ -3 \end{pmatrix}\end{array}\right\} \Rightarrow \underline{\underline{\vec{AB} = \frac{2}{3}\vec{BC}}}$$

Since $\vec{AB} = \frac{2}{3}\vec{BC}$

Then A, B and C are collinear

And B divides AC in the ratio $\underline{\underline{2:3}}$

Question 4

$$\begin{aligned} x^4 - x &= x(x^3 - 1) \\ &= \underline{\underline{x(x-1)(x^2 + x + 1)}} \end{aligned}$$

```
       x³           −1
   1 | 1    0    0   −1
              1    1    1
       ─────────────────
       1    1    1    0
```

Question 5
(i)

Graph showing $y = f(x)$ (dashed) and $y = f(x-1)$ (solid), with points:
C'(0,3), B'(1,2), A'(3,0), D'(−2,0)

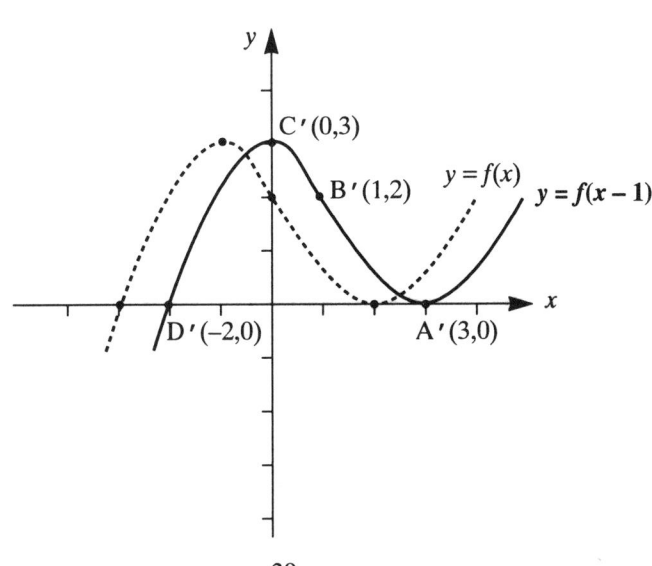

(ii)

$y = f(x)$ (dashed curve shown)

D'(−3,−2)
A'(2,−2)
B'(0,−4)
C'(−1,−5)

$y = -f(x) - 2$

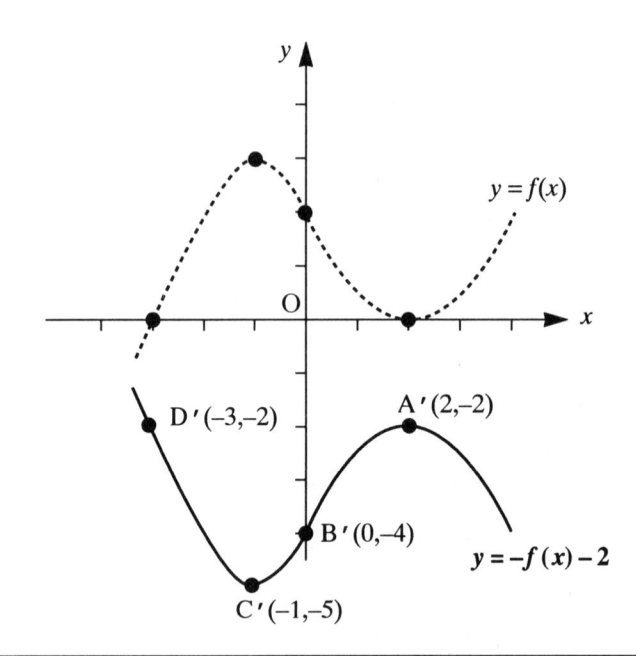

Question 6

$f(x) = \dfrac{x-1}{\sqrt{x}} = \dfrac{x-1}{x^{\frac{1}{2}}} = x^{\frac{1}{2}} - x^{\frac{-1}{2}}$

$\begin{Bmatrix} \text{A Algebra} \\ \text{B Before} \\ \text{C Calculus} \end{Bmatrix}$

Hence $f'(x) = \dfrac{1}{2}x^{\frac{-1}{2}} + \dfrac{1}{2}x^{\frac{-3}{2}}$

$= \dfrac{1}{2x^{\frac{1}{2}}} + \dfrac{1}{2x^{\frac{3}{2}}}$

$= \underline{\dfrac{1}{2\sqrt{x}} + \dfrac{1}{2x\sqrt{x}}}$

Hence $f'(4) = \dfrac{1}{2\sqrt{4}} + \dfrac{1}{2(4)\sqrt{4}}$

$= \dfrac{1}{4} + \dfrac{1}{16}$

$\Rightarrow f'(4) = \underline{\underline{\dfrac{5}{16}}}$

Question 7

(a) This sequence has a limit as $n \to \infty$

since $\underline{0 \cdot 3 < 1}$ i.e. the coefficient of $u_n < 1$

{sequence is linear in the form $u_{n+1} = mu_n + C$}

(b) At this limit $u_{n+1} = u_n = u$ say (a fixed point)

Hence
$$u = 0 \cdot 3u + 5$$
$$0 \cdot 7u = 5$$
$$u = \frac{5}{0 \cdot 7} \qquad \left\{\frac{5}{0 \cdot 7} = \frac{50}{7}\right\}$$

So the limit $= \underline{\underline{\frac{50}{7}}}$

Question 8

$$y = \sqrt{1 + \cos x} = (1 + \cos x)^{\frac{1}{2}}$$
$$\Rightarrow \frac{dy}{dx} = \frac{1}{2}(1 + \cos x)^{\frac{-1}{2}}(-\sin x)$$
$$= \frac{-\sin x}{2(1 + \cos x)^{\frac{1}{2}}} \qquad \text{\{Use the Chain Rule\}}$$
$$\Rightarrow \frac{dy}{dx} = \underline{\underline{\frac{-\sin x}{2\sqrt{1 + \cos x}}}}$$

Question 9   Let line ① be $2x + 3y - 4 = 0$
  Let line ② be $3x - y - 17 = 0$

  ① + 3② $2x + 3y - 4 = 0$
            $9x - 3y - 51 = 0$
            $\overline{11x \quad\quad - 55 = 0}$
            $11x = 55$
            $x = \underline{\underline{5}}$ $\Rightarrow$ lines ① and ② meet at $\underline{\underline{x = 5}}$

  Let line ③ be $x - 3y - 10 = 0$
  line ① is $2x + 3y - 4 = 0$
  ③ + ① $\overline{3x \quad -14 = 0}$
                 $3x = 14$
                 $x = \underline{\underline{\dfrac{14}{3}}}$ $\Rightarrow$ lines ① and ③ meet at $\underline{\underline{x = \dfrac{14}{3}}}$

Hence the lines are <u>NOT concurrent</u>

{since they meet at different points}

Model Paper D

Question 10 In $\triangle BCD$; by Pythagoras $BD^2 = 3^2 + 4^2$
$= 25$
$\Rightarrow BD = \underline{5}$

In $\triangle ABD$; by Pythagoras $7^2 = AD^2 + 5^2 = 7^2$
$AD^2 + 25 = 49$
$AD^2 = 24$
$AD = \sqrt{24}$
$\Rightarrow AD = \underline{2\sqrt{6}}$

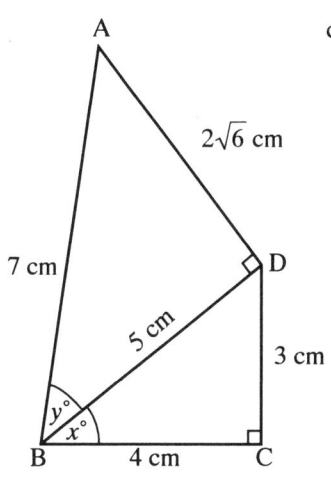

$\cos(x+y)° = \cos x° \cos y° - \sin x° \sin y°$
$= \dfrac{4}{5} \cdot \dfrac{5}{7} - \dfrac{3}{5} \cdot \dfrac{2\sqrt{6}}{7}$
$= \dfrac{20}{35} - \dfrac{6\sqrt{6}}{35}$
$= \underline{\underline{\dfrac{20 - 6\sqrt{6}}{35}}}$

Question 11 $f(x) = 2x^3 - 3x^2 - 36x$
$\Rightarrow f'(x) = 6x^2 - 6x - 36 > 0$ for $\underline{f(x) \text{ increasing}}$
$6(x^2 - x - 6) > 0$
$6(x+2)(x-3) > 0$
$\underline{x < -2}$ and $\underline{x > 3}$

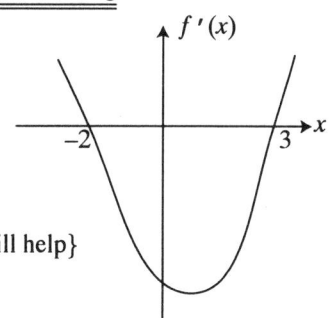

{A sketch will help}

Model Paper D

Question 12

$$(2x-1)(2x+5) = 4x^2 + 8x - 5$$
$$= 4\left\{x^2 + 2x - \frac{5}{4}\right\}$$
$$= 4\left\{x^2 + 2x + 1 - 1 - \frac{5}{4}\right\}$$
$$= 4\left\{(x^2 + 2x + 1) - \frac{9}{4}\right\}$$
$$= 4\left\{(x+1)^2 - \frac{9}{4}\right\}$$
$$\Rightarrow (2x-1)(2x+5) = \underline{\underline{4(x+1)^2 - 9}}$$

(Here $a = 4$; $b = 1$ and $c = -9$)

Question 13

Since $\triangle ABC$ is isosceles; then if D is the mid point of AC
$\triangle ABD$ is right angled at D

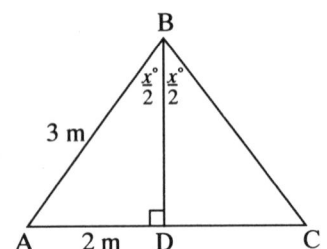

By Pythagoras;
$$3^2 = BD^2 + 2^2 = 3^2$$
$$BD^2 + 4 = 9$$
$$BD^2 = 5$$
$$BD = \sqrt{5}$$

Hence $\sin x° = \sin 2\left(\frac{x°}{2}\right) = 2\sin\frac{x°}{2}\cos\frac{x°}{2}$
$$= 2 \cdot \frac{2}{3} \cdot \frac{\sqrt{5}}{3}$$
$$\Rightarrow \sin x° = \underline{\underline{\frac{4\sqrt{5}}{9}}}$$

$\left\{\begin{array}{l}\text{Alternatively use the Cosine Rule in } \triangle ABC \\ \text{to find } \cos x°; \text{ then } \sin^2 x° = 1 - \cos^2 x°\end{array}\right\}$

Question 14

(a) $T_t = T_0 10^{-kt} \Rightarrow 100 \times 10^{-10k} = 10$

$$10^{-10k} = \frac{1}{10}$$
$$10^{-10k} = 10^{-1}$$
$$10k = 1$$
$$k = \underline{\underline{\frac{1}{10}}} \text{ or } 0 \cdot 1$$

(b) $T_t = T_0 10^{-\frac{1}{10}t}$

$\Rightarrow T_{10} = 10 \times 10^{-\frac{1}{10} \times 10}$
$\quad\quad\quad = 10 \times 10^{-1}$
$T_{10} = 1 \Rightarrow$ Fall in temperature is $\underline{\underline{9\ °C}}$ \quad\quad {10 – 1}

Question 15

Let M be the mid-point of the chord from O(0, 0) to A(6, 0)
then M is the point (3, 0)
Let the centre of the circle be C(x, y)

then $x = 3$ \quad {CM is ⊥ bisector}

and the radius is $\underline{y + 1}$
\quad\quad {$y = -1$ is a tangent}

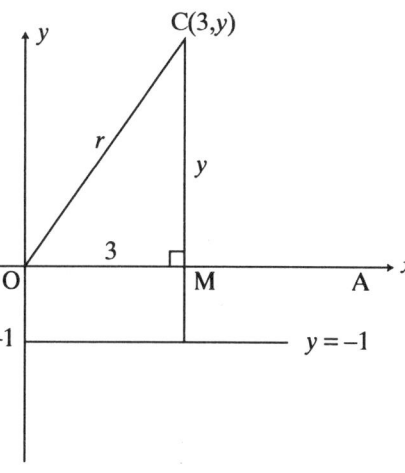

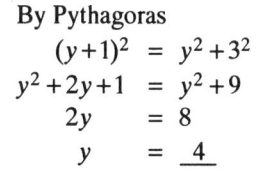

By Pythagoras
$$(y+1)^2 = y^2 + 3^2$$
$$y^2 + 2y + 1 = y^2 + 9$$
$$2y = 8$$
$$y = \underline{4}$$

Hence centre (3, 4); radius = 5
$\Rightarrow$ Eqn is $\underline{(x-3)^2 + (y-4)^2 = 25}$ \quad\quad {or $x^2 + y^2 - 6x - 8y = 0$}

Model Paper D — Paper II

Question 1

(a) $y = f(x) = x^4 - 4x^3 + 3$
$\Rightarrow f'(x) = 4x^3 - 12x^2 \quad = 0$ at a Stationary Value
$4x^2(x-3) = 0$
$4x^2 = 0 \quad \text{or} \quad x - 3 = 0$
$\underline{x = 0} \text{ (twice)} \quad \underline{x = 3}$
$\underline{f(0) = 3} \quad \underline{f(3) = -24}$

Hence the points are $\underline{(0, 3) \text{ and } (3, -24)}$

(b) For their nature use the nature table

x	0^-	0	0^+	-3	3	3^+
$f'(x)$	$-$	0	$-$	$-$	0	$+$
shape	↘	→	↘	↘	→	↗
type		Pt of Inf.			Min. T.P.	
		$\underline{(0, 3)}$			$\underline{(3, -24)}$	

{Or use $f''(x) = 12x(x-2)$
$f''(0) = 0; f''(3) > 0$ etc.}

Question 2

(a) $A(-3, -3); B(-1, 1) \Rightarrow m_{AB} = \dfrac{1+3}{-1+3} = \dfrac{4}{2} = \underline{\underline{2}}$

$C(7, -3); B(-1, 1) \Rightarrow m_{CB} = \dfrac{1+3}{-1-7} = \dfrac{4}{-8} = \underline{\underline{-\dfrac{1}{2}}}$

Since $m_{AB} \times m_{BC} = 2 \times \left(-\dfrac{1}{2}\right) = -1$
Then $\underline{\triangle ABC \text{ is right angled at B}}$

(b) (i) B(–1, 1); C(7, –3) ⇒ D(3, –1)   {D is the mid-point of BC}

D(3, –1); A(–3–3) ⇒ $m_{AD} = \dfrac{-1+3}{3+3} = \dfrac{1}{3}$

$\text{Eqn}_{AD} \begin{cases} A(-3, -3) \\ \\ m = \dfrac{1}{3} \end{cases}$ $\begin{aligned} y+3 &= \dfrac{1}{3}(x+3) \\ 3y+9 &= x+3 \end{aligned}$

$\underline{\underline{3y = x - 6}}$ —— Eqn ①

A(–3, –3); C(7, –3) ⇒ E(2, –3)   {E is the mid-point of AC}

E(2, –3); B(–1, 1) ⇒ $m_{BE} = \dfrac{1+3}{-1-2} = \dfrac{-4}{3}$

$\text{Eqn}_{BE} \begin{cases} B(-1, 1) \\ \\ m = \dfrac{-4}{3} \end{cases}$ $\begin{aligned} y-1 &= \dfrac{-4}{3}(x+1) \\ 3y-3 &= -4x - 4 \end{aligned}$

$\underline{\underline{3y = -4x - 1}}$ —— Eqn ②

(or $4x + 3y + 1 = 0$)

(ii) From (i) they meet where:

$3y = x - 6 = -4x - 1$ {from ① and ②}

$5x = 5$

$x = 1$

$y = \dfrac{-5}{3}$ ⇒ $\underline{\underline{M\left(1, \dfrac{-5}{3}\right)}}$

Question 3

(a)   Q is 2 along, 2 in and 3 steps up

⇒ $\underline{\underline{Q(2, 2, 9)}}$ and $\underline{\underline{R(21, 3, 12)}}$

{R is 21 along, 3 in and 4 steps up}

(b)

Q(2,2,9), R(21,3,12), P(12,0,0), angle θ°

$$\vec{PQ} = q - p = \begin{pmatrix} 2 \\ 2 \\ 9 \end{pmatrix} - \begin{pmatrix} 12 \\ 0 \\ 0 \end{pmatrix} = \underline{\underline{\begin{pmatrix} -10 \\ 2 \\ 9 \end{pmatrix}}}$$

$$|\vec{PQ}| = \sqrt{(-10)^2 + 2^2 + 9^2} = \underline{\underline{\sqrt{185}}}$$

$$\vec{PR} = r - p = \begin{pmatrix} 21 \\ 3 \\ 12 \end{pmatrix} - \begin{pmatrix} 12 \\ 0 \\ 0 \end{pmatrix} = \underline{\underline{\begin{pmatrix} 9 \\ 3 \\ 12 \end{pmatrix}}}$$

$$|\vec{PR}| = \sqrt{9^2 + 3^2 + 12^2} = \underline{\underline{\sqrt{234}}}$$

$$\vec{PQ} \cdot \vec{PR} = \begin{pmatrix} -10 \\ 2 \\ 9 \end{pmatrix} \cdot \begin{pmatrix} 9 \\ 3 \\ 12 \end{pmatrix} = \begin{matrix} -90 \\ + 6 \\ +108 \end{matrix} = \underline{\underline{24}}$$

By the Scalar Product

$$\cos\theta° = \frac{\vec{PQ} \cdot \vec{PR}}{|\vec{PQ}||\vec{PR}|}$$

$$= \frac{24}{\sqrt{185}\sqrt{234}}$$

$$= 0 \cdot 11535$$

$$\Rightarrow \theta = \underline{\underline{83 \cdot 4}} \qquad \text{Hence } Q\hat{P}R = \underline{\underline{83 \cdot 4°}}$$

Question 4

(a) (i) $f(x) = 2x + 1$; $g(x) = x^2 + k$

$$g(f(x)) = (f(x))^2 + k = (2x+1)^2 + k$$
$$= \underline{\underline{4x^2 + 4x + 1 + k}}$$

(ii) $f(g(x)) = 2g(x) + 1 = 2(x^2 + k) + 1$
$$= \underline{\underline{2x^2 + 2k + 1}}$$

48

(b) (i) $\qquad g(f(x)) - f(g(x)) = 0$
$\Rightarrow 4x^2 + 4x + 1 + k - (2x^2 + 2k + 1) = 0$
$\qquad\qquad\qquad \underline{2x^2 + 4x - k = 0}$

(ii) From (i) $\quad 2x^2 + 4x - k = 0$
$\left.\begin{array}{l} a = 2 \\ b = 4 \\ c = -6 \end{array}\right\}$ $\quad 2x^2 + 4x - 6 = 0$
$\qquad\qquad$ Here
$\qquad\qquad b - 4ac = 16 - 4(2)(-6)$
$\qquad\qquad\qquad\quad = 16 + 48$
$\qquad\qquad\qquad\quad = \underline{\underline{64}}$ a perfect square

Hence the roots are <u>Real, Distinct and Rational</u>

(iii) $2x^2 + 4x - k = 0$
$\left.\begin{array}{l} a = 2 \\ b = 4 \\ c = -k \end{array}\right\}$ $b^2 - 4ac = 16 - 4(2)(-k) = 0$ for equal roots
$\qquad\qquad\qquad\qquad 16 + 8k = 0$
$\qquad\qquad\qquad\qquad\quad 8k = -16$
$\qquad\qquad\qquad\qquad\quad\; k = \underline{\underline{-2}}$

Question 5 Area $= \displaystyle\int_{\pi/6}^{\pi/4} \cos 2x \, dx - \int_{\pi/4}^{\pi/2} \cos 2x \, dx$

$\qquad\qquad\quad = \left[\dfrac{\sin 2x}{2}\right]_{\pi/6}^{\pi/4} - \left[\dfrac{\sin 2x}{2}\right]_{\pi/4}^{\pi/2}$

$\qquad\qquad\quad = \left\{\left(\dfrac{1}{2}\right) - \left(\dfrac{\sqrt{3}}{4}\right)\right\} - \left\{(0) - \left(\dfrac{1}{2}\right)\right\}$

$\Rightarrow$ Area $= \underline{\underline{1 - \dfrac{\sqrt{3}}{4}}}$ units^2 $\qquad (\doteq 0.567 \text{ un}^2)$

Question 6

(a)   40% removed $\Rightarrow$ 60% remain
Let the level after n weeks $= U_n$ mg/l $(U_0 = 0)$
After n weeks $U_n = 0.6\, U_{n+1} + 2.5$ $(U_4 = 5.44)$
If a fixed value "U" is reached then $U = 0.6U + 2.5$
$$0.4U = 2.5$$
Limit $U = 6.25 \Rightarrow$ <u>danger</u>

(b)   30% clean $\Rightarrow$ 70% remain
70% of 2.5 = 1.75
Now $U_n = 0.6\, U_{n-1} + 1.75$
If a fixed value "U" is reached then $U = 0.6U + 1.75$
$$0.4U = 1.75$$
Limit $U = 4.375 \Rightarrow$ <u>safe</u>

Hence; <u>YES</u> the L.A. should grant permission.

Question 7

(a) $3\sin 2x° = 2\sin x°$
        $3\sin 2x - 2\sin x° = 0$ $\{\sin 2x° = 2\sin x° \cos x°\}$
     $3.2\sin x° \cos x° - 2\sin x° = 0$
      $2\sin x°(3\cos x° - 1) = 0$
    $2\sin x° = 0$ or $3\cos x° - 1 = 0$
      $\sin x° = 0$ $\cos x° = \dfrac{1}{3}$
        $x = 0, 180, 360$ $x = 70.5, 289.5$
Hence $x =$ <u>0, 70.5, 180, 289.5, 360</u>

(b)   <u>$f(x) = 2\sin x°$</u> ;   <u>$g(x) = 3\sin 2x°$</u>

(c)   From (a)   <u>A = (70.5, 1.89) and B = (289.5, −1.89)</u> $\{f(70.5) = 1.89$ etc. ....$\}$

(d) $3\sin 2x° < 2\sin x°$ where $g(x) < f(x)$
                       $\Rightarrow$ where   <u>$70.5 < x < 180$</u>   AND   <u>$289.5 < x < 360$</u>

Model Paper D

Question 8

(a) $A = (0, -50); m_{PB} = m_{AB} = \dfrac{4}{3}$ \hspace{2em} $\left\{\vec{AB} = \begin{pmatrix} 3 \\ 4 \end{pmatrix}\right\}$

(b) Eqn_{PB} is $\underline{\underline{y = \dfrac{4}{3}x - 50}}$ \hspace{2em} $\{y = mx + c\}$

(c) Eqn_{circle} is $\underline{\underline{x^2 + y^2 = 900}}$ \hspace{2em} $\{x^2 + y^2 = r^2\}$

$$y = \frac{4}{3}x - 50 \Rightarrow y^2 = \frac{16}{9}x^2 - \frac{400}{3}x + 2500$$

$$x^2 + y^2 = 900 \Rightarrow x^2 + \frac{16}{9}x^2 - \frac{400}{3}x + 2500 = 900$$

$$9x^2 + 16x^2 - 1200x + 14\,400 = 0$$

$$25x^2 - 1200x + 14\,400 = 0$$

$$x^2 - 48x + 576 = 0$$

$$(x - 24)^2 = 0$$

$$x = \underline{24} \text{ (twice)}$$

Equal roots $\Rightarrow$ tangent at $x = 24$ where $y = -18$

Hence $P = \underline{\underline{(24, -18)}}$

Question 9

(a) Area $= \displaystyle\int_0^2 (2x - x^2)\,dx = \left[x^2 - \dfrac{x^3}{3}\right]_0^2 = 4 - \dfrac{8}{3} = \underline{\underline{\dfrac{4}{3}}}$ units^2

(b) Area $= \dfrac{1}{2}p \times \dfrac{1}{2}p = \dfrac{4}{3}$

$\Rightarrow \dfrac{p^2}{4} = \dfrac{4}{3}$

$p^2 = \dfrac{16}{3}$

$p = \dfrac{4}{\sqrt{3}}$

$p \doteq \underline{2\cdot 3 \text{ units}}$

(c) Area = $\int_{\frac{\pi}{4}}^{q} (\sin x - \cos x)\,dx$ = $\frac{4}{3}$ {same area as (a)}

$[-\cos x - \sin x]_{\pi/4}^{q}$ = $\frac{4}{3}$

$\Rightarrow (-\cos q - \sin q) - \left(-\cos\frac{\pi}{4} - \sin\frac{\pi}{4}\right)$ = $\frac{4}{3}$

$\Rightarrow -(-\cos q - \sin q) + \left(\frac{1}{\sqrt{2}} + \frac{1}{\sqrt{2}}\right)$ = $\frac{4}{3}$

$\Rightarrow \cos q + \sin q$ = $\frac{2}{\sqrt{2}} - \frac{4}{3}$ $\left\{\frac{2}{\sqrt{2}} = \sqrt{2}\right\}$

$\Rightarrow \underline{\cos q + \sin q = 0 \cdot 081}$ {$1 \cdot 414 - 1 \cdot 333$}

Let $\cos q + \sin q = R\cos(q - \alpha)$

$R^2 = 1^2 + 1^2 = 2$; $\tan\alpha = \frac{1}{1}$

$\Rightarrow \underline{R = \sqrt{2}}$ $\underline{\alpha = \frac{\pi}{4}}$

Hence $\cos q + \sin q = \sqrt{2}\cos\left(q - \frac{\pi}{4}\right)$ = $0 \cdot 081$

$\cos\left(q - \frac{\pi}{4}\right)$ = $0 \cdot 0573$

$q - \frac{\pi}{4}$ = $1 \cdot 5135$ {radians}

$q = 1 \cdot 5135 + \frac{\pi}{4}$

$q = 2 \cdot 299$

$\underline{\underline{q \doteq 2 \cdot 3}}$

Model Paper E — Paper I

Question 1

(a) E is the mid-point of AB $\Rightarrow$ E = (2, –1)

$$m_{CE} = \frac{8-(-1)}{-1-2} = -3 \qquad \left\{\text{Use}: m = \frac{y_2 - y_1}{x_2 - x_1}\right\}$$

Eqn$_{CE}$ is $y - 8 = -3(x - (-1))$ {Use: $y - b = m(x - a)$}

$y - 8 = -3x - 3$

$y = \underline{\underline{-3x + 5}}$

$$m_{AC} = \frac{8-0}{-1-7} = -1 \qquad \{m_1 \times m_2 = -1\}$$

$\Rightarrow m_{BD} = 1$

Eqn$_{BD}$ is $y - (-2) = 1(x - (-3))$ $\{y - b = m(x - a)\}$

$y + 2 = x + 3$

$y = \underline{\underline{x + 1}}$

(b) BD meets CE at J where $x + 1 = -3x + 5$ {from (a)}

$4x = 4$

$x = 1$

$\Rightarrow y = 2$ {by substitution}

Hence J = $\underline{\underline{(1, 2)}}$

Question 2

$$\begin{array}{ccc} A & B & C \\ a = \begin{pmatrix} 1 \\ 3 \\ 2 \end{pmatrix}; & b = \begin{pmatrix} 2 \\ -1 \\ 4 \end{pmatrix}; & c = \begin{pmatrix} 4 \\ -9 \\ 8 \end{pmatrix} \end{array}$$

$$\overrightarrow{AB} = b - a = \begin{pmatrix} 1 \\ -4 \\ 2 \end{pmatrix}$$

$$\overrightarrow{BC} = c - b = \begin{pmatrix} 2 \\ -8 \\ 4 \end{pmatrix}$$

Since $\overrightarrow{BC} = 2\overrightarrow{AB}$; then $\underline{\underline{\text{A, B and C are collinear}}}$

Question 3

(a)
$$2x^3 - 3x^2 + 2x - 8 = 0$$
$$(x-2)(2x^2 + x + 4) = 0$$
$$x - 2 = 0 \text{ or } 2x^2 + x + 4 = 0$$
$$\underline{x = 2}$$

2	2	−3	2	−8
		4	2	8
	2	1	4	0

$\Rightarrow (x - 2)$ is a factor

(b) from (a) $\quad 2x^2 + x + 4 = 0$
Here
$$\left. \begin{array}{l} a = 2 \\ b = 1 \\ c = 4 \end{array} \right\} \quad \begin{array}{rl} b^2 - 4ac &= 1 - 4 \times 2 \times 4 \\ &= -31 \end{array}$$

Since $\underline{b^2 - 4ac < 0}$ then there are NO other real roots

---

Question 4

For the line; $\quad 5x + y + 12 = 0$
$$y = -5x - 12$$
$$\Rightarrow \text{gradient} = \underline{-5}$$

For the curve; $\quad y = 4x^2 + 3x - 5$
$$\Rightarrow \text{gradient} = \frac{dy}{dx} = \underline{8x + 3}$$

At the point of contact the gradients agree; $\quad 8x + 3 = -5$
$$8x = -8$$
$$\underline{\underline{x = -1}}$$

Question 5

(a) Let the perpendicular from L meet AB at P
Hence $\angle PBL = 180 - b° \Rightarrow \tan PBL = -\tan b°$

In $\triangle BLP$, $\tan B = \dfrac{d}{BP}$

$\Rightarrow BP = \dfrac{d}{\tan B}$

$\Rightarrow BP = \dfrac{d}{\tan b°}$

In $\triangle ALP$, $\tan A = \dfrac{d}{AP}$

$\Rightarrow AP = \dfrac{d}{\tan a°}$

$AB = AP + PB$

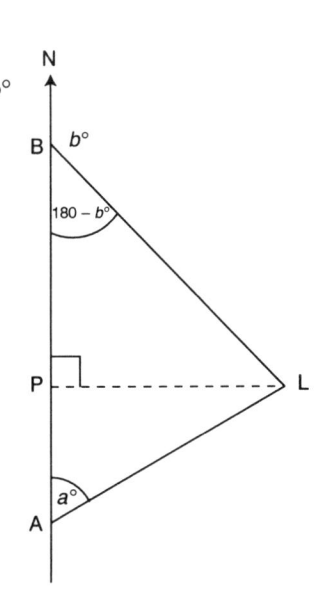

$= \underline{\underline{\dfrac{d}{\tan a°} - \dfrac{d}{\tan b°}}}$

(b) $AB = \dfrac{d}{\tan a°} - \dfrac{d}{\tan b°} = \dfrac{d}{\dfrac{\sin a°}{\cos a°}} - \dfrac{d}{\dfrac{\sin b°}{\cos b°}}$ $\quad \left\{\tan a° = \dfrac{\sin a°}{\cos a°}\right\}$

$= \dfrac{d\dfrac{\sin b°}{\cos b°} - d\dfrac{\sin a°}{\cos a°}}{\dfrac{\sin a°}{\cos a°} \dfrac{\sin b°}{\cos b°}}$ $\quad \left\{\times \dfrac{\cos a° \cdot \cos b°}{\cos a° \cos b°}\right\}$

$= \dfrac{d \sin b° \cos a° - d \cos b° \sin a°}{\sin a° \sin b°}$

$= \underline{\underline{\dfrac{d \sin(b-a)°}{\sin a° \sin b°}}}$

Question 6

$y = 2x^2 + x$

$\dfrac{dy}{dx} = \underline{\underline{4x+1}}$

LHS $= x\left(1+\dfrac{dy}{dx}\right) = x(1+4x+1) = \underline{4x^2+2x}$

RHS $= 2y = 2(2x^2+x) = \underline{4x^2+2x} =$ LHS

Question 7

$\displaystyle\int_1^4 \sqrt{x}\, dx = \int_1^4 x^{\frac{1}{2}}\, dx = \left[\dfrac{2x^{\frac{3}{2}}}{3}\right]_1^4$

$= \left\{\left(\dfrac{2}{3}(4)^{\frac{3}{2}}\right) - \left(\dfrac{2}{3}(1)^{\frac{3}{2}}\right)\right\}$

$= \left\{\left(\dfrac{2}{3}\times 8\right) - \left(\dfrac{2}{3}\times 1\right)\right\}$

$= \left\{\dfrac{16}{3} - \dfrac{2}{3}\right\}$

$= \underline{\underline{\dfrac{14}{3}}}$

Question 8

If equation C_1 is $x^2 + y^2 - 10x - 4y + 12 = 0$

then centre is $C_1(5, 2)$ and radius $= \sqrt{5^2 + 2^2 - 12}$

$\qquad\qquad\qquad\qquad\qquad\qquad\qquad\qquad = \sqrt{17}$

P is the mid-point of the line of centres

$\sqrt{17}$ $\qquad$ $\sqrt{17}$

$C_1 \qquad\quad P \qquad\quad C_2$
$(5, 2) \quad\ (9, 3) \quad\ (x, y)$

Hence $\dfrac{5+x}{2} = 9$ and $\dfrac{2+y}{2} = 3$

$5 + x = 18 \qquad\quad 2 + y = 6$

$x = 13 \qquad\qquad y = 4$

Hence C_2 is $(13, 4)$

Equation is $\underline{\underline{(x-13)^2 + (y-4)^2 = 17}}$

Question 9 $a \cdot (b+c) = a \cdot b + a \cdot c$
$= 2 \times 2 \cos 60° + 2 \times 2 \cos 120°$
$= 2 - 2$
$= 0$

Hence $\underline{\underline{a \text{ is perpendicular to } (b+c)}}$

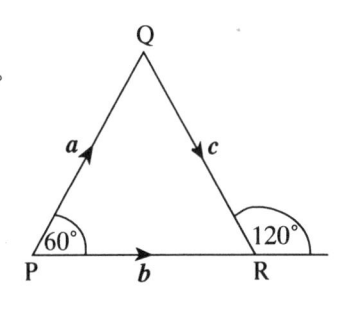

Question 10 If $f'(x) = \cos 2x$; then $f(x) = \int \cos 2x \, dx$

Hence general solution is $f(x) = \dfrac{\sin 2x}{2} + c$

At $\left(\dfrac{\pi}{12}, 1\right)$; $f\left(\dfrac{\pi}{12}\right) = \dfrac{\sin 2\dfrac{\pi}{12}}{2} + c = 1$

$\Rightarrow \dfrac{1}{2} \cdot \dfrac{1}{2} + c = 1$

$\Rightarrow c = \dfrac{3}{4}$

Hence particular solution is $f(x) = \underline{\underline{\dfrac{\sin 2x}{2} + \dfrac{3}{4}}}$

Question 11
(a)

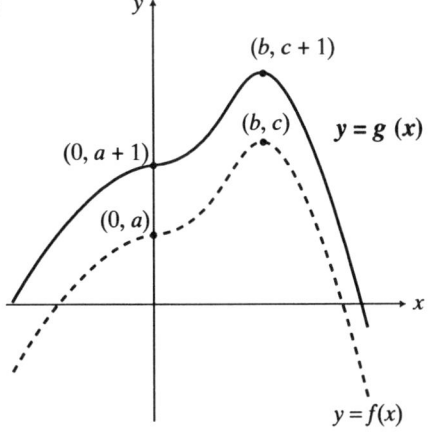

(b)

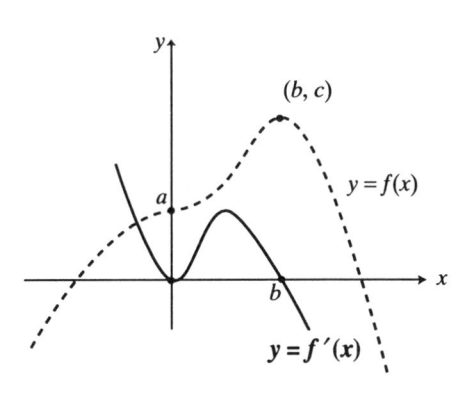

(c) $\underline{\underline{\text{They are the SAME, i.e. } f'(x) = g'(x)}}$

Question 12

At A; $y = 5\log_{10}(2x+10) = 0$
$\log_{10}(2x+10) = 0$
$2x+10 = 1$
$2x = -9$
$x = -4\cdot 5$
$\Rightarrow \underline{\underline{A(-4\cdot 5, 0)}}$

At B; $y = 5\log_{10}(2x+10) = 10$
$\log_{10}(2x+10) = 2$
$2x+10 = 100$
$2x = 90$
$x = 45$
$\Rightarrow \underline{\underline{B(45, 0)}}$

Question 13

(a) At $(1, t)$; $y = a^1 = t$
$\Rightarrow \underline{\underline{t = a}}$

At $(u, 1)$; $a^u = 1$
$\Rightarrow \underline{\underline{u = 0}}$

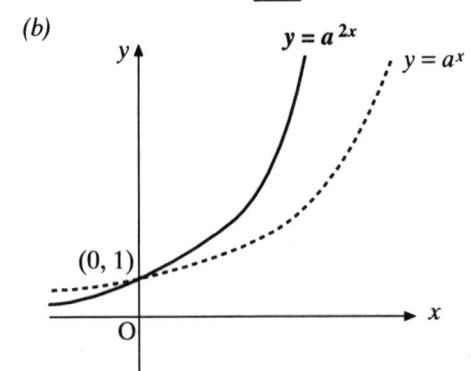

(b)

$y = a^{2x}$
$y = a^x$
$(0, 1)$

(c) At $x = 1$
$y = a^{2x}$
$\Rightarrow y = a^2$
$\Rightarrow y = t^2$ {From part (a)}
Hence $\underline{\underline{(1, t^2)}}$

Question 14

$f(x) = 8 + 4\cos\frac{1}{2}x$

$\Rightarrow f'(x) = -2\sin\frac{1}{2}x$

$f'\left(\frac{7\pi}{3}\right) = -2\sin\frac{7\pi}{6} = -2\left(-\frac{1}{2}\right) = 1$

$f'(x) = $ gradient $= \tan a° = 1$

$a = \underline{\underline{45°}}$

Model Paper E — Paper II

Question 1

(a) If $(x-2)$ is a factor, then $f(2) = 0$

$$\begin{array}{r|rrrr}
2 & 1 & k & -4 & -12 \\
  &   & 2 & 2k+4 & 4k \\
\hline
  & 1 & k+2 & 2k & 4k-12 = 0
\end{array}$$

{use: synthetic division}

$$4k = 12$$
$$\underline{\underline{k = 3}}$$

(b) If $k = 3$ then $f(x) = x^3 + 3x^2 - 4x - 12$
$$= (x-2)(x^2 + 5x + 6) \quad \text{\{from (a)\}}$$
$$= \underline{\underline{(x-2)(x+2)(x+3)}}$$

Question 2

(a)
$$y = 2x + 1 \Rightarrow -2y = -4x - 2$$
$$\text{also} \quad y^2 = 4x^2 + 4x + 1$$

Equation becomes
$$x^2 + y^2 + 10x - 2y - 14 = 0$$
$$x^2 + 4x^2 + 4x + 1 + 10x - 4x - 2 - 14 = 0$$
$$5x^2 + 10x - 15 = 0$$
$$x^2 + 2x - 3 = 0$$
$$(x-1)(x+3) = 0$$
$$x - 1 = 0 \quad \text{or} \quad x + 3 = 0$$
$$x = 1 \quad \text{or} \quad x = -3$$
$$y = 3 \quad \text{or} \quad y = -5$$

Hence $\underline{\underline{A(1, 3)}}$ and $\underline{\underline{B(-3, -5)}}$

(b) (i) Centre $\underline{\underline{C(-5, 1)}}$

(ii) $m_{AB} = \dfrac{3-(-5)}{1-(-3)} = \dfrac{8}{4} = 2 \Rightarrow m_{l_2} = \underline{\underline{\dfrac{-1}{2}}}$ {Use $m_1 \times m_2 = -1$}

$\text{Eqn}_{l_2} \begin{cases} C(-5, 1) \\ \\ m = \dfrac{-1}{2} \end{cases}$

$$y - 1 = \dfrac{-1}{2}(x+5) \quad \text{\{Use } y - b = m(x-a)\text{\}}$$
$$2y - 2 = -x - 5$$
$$x + 2y = -3 \quad \text{or} \quad \underline{\underline{x + 2y + 3 = 0}}$$

Question 3

(a) $\vec{PR} = \dfrac{4}{3}\vec{PQ} \Rightarrow r - p = \dfrac{4}{3}(q - p)$

$$r = \dfrac{4}{3}\left(q - \dfrac{1}{3}p\right)$$

$$r = \dfrac{4}{3}\begin{pmatrix}5\\0\\5\end{pmatrix} - \dfrac{1}{3}\begin{pmatrix}-1\\3\\2\end{pmatrix}$$

$$r = \begin{pmatrix}7\\-1\\6\end{pmatrix} \Rightarrow \underline{\underline{R(7, -1, 6)}}$$

(b) $\vec{SP} = p - s = \begin{pmatrix}-1\\3\\2\end{pmatrix} - \begin{pmatrix}-2\\2\\5\end{pmatrix} = \begin{pmatrix}1\\1\\-3\end{pmatrix}$; $|\vec{SP}| = \sqrt{1+1+9} = \sqrt{11}$

$\vec{SR} = r - s = \begin{pmatrix}7\\-1\\6\end{pmatrix} - \begin{pmatrix}-2\\2\\5\end{pmatrix} = \begin{pmatrix}9\\-3\\1\end{pmatrix}$; $|\vec{SR}| = \sqrt{81+9+1} = \sqrt{91}$

$\vec{SP} \cdot \vec{SR} = 1 \times 9 + 1 \times (-3) + (-3) \times 1 = 3$

$\cos P\hat{S}R° = \dfrac{\vec{SP} \cdot \vec{SR}}{|\vec{SP}||\vec{SR}|} = \dfrac{3}{\sqrt{11} \times \sqrt{91}} = 0 \cdot 095$

Hence $\underline{\underline{P\hat{S}R = 84 \cdot 6°}}$

Question 4

(a)

	£ first day	£ last day interest	
Jan	1000	5	{Find 5% then add £100}
Feb	1105	5·525	
Mar	1210·525	6·052625	
Apr	1316·577625	6·5829	
May	1423·1605	7·116	
June	1530·276 +	7·65 =	£1537·93

(b)
Jul	1637·9	8·18965
Aug	1746·12	8·7306
Sept	1854·85	9·2743
Oct	1964·12	9·8206
Nov	2073·94 > 2000 ⇒	**November 1st**

(c) A_{n+1} = $1·005 A_n$ + 100 ; $A_0 = 1000$
Amount (£) in   Amount (£) in   Original amount (£)
on 1st day   on 1st day
of month   of previous month

Question 5

(a) $\sin x° - 3\cos x° = k\sin(x-\alpha)°$
$\qquad\qquad\qquad\quad = k\sin x° \cos\alpha° - k\cos x° \sin\alpha°$
$\Rightarrow k\sin\alpha° = 3$
$\quad k\cos\alpha° = 1$

Hence   (i) $k^2 = 3^2 + 1^2 = 10$ $\{\sin^2\alpha° + \cos^2\alpha° = 1\}$
$\Rightarrow k = \underline{\underline{\sqrt{10}}}$

(ii) $\tan\alpha° = 3$ $\left\{\dfrac{\sin\alpha°}{\cos\alpha°} = \tan\alpha°\right\}$
$\Rightarrow \alpha = \underline{\underline{71·6}}$

Hence $\underline{\underline{\sin x° - 3\cos x° = \sqrt{10}\sin(x-71·6)°}}$

(b) Max. val. of $5 + \sin x° - 3\cos x°$ = max. val of $5 + \sqrt{10}\sin(x - 71·6)°$
$\qquad\qquad\qquad\qquad\qquad\qquad = \underline{\underline{5 + \sqrt{10}}}$

Max. val occurs where $(x - 71·6)° = 90°$
$\qquad\qquad\qquad\qquad\qquad x = \underline{\underline{161·6}}$

Model Paper E

Question 6

(a) $f(x) = (x-2)^2 + 1 \Rightarrow f(0) = 5$ Hence $\underline{A(0, 5)}$
  $\Rightarrow \underline{B(2, 1)}$ {Min T.P. 2 along, 1 up from origin}

(b) The curves meet where: $\{(x-2)^2 + 1 = x^2 - 4x + 5\}$
$$5 + 4x - x^2 - (x^2 - 4x + 5) = 0$$
$$8x - 2x^2 = 0$$
$$2x(4 - x) = 0$$
$$x = 0 \text{ or } x = 4$$
$$\{y = 5 \text{ or } y = 5\}$$

Area $= \int_0^4 (g(x) - f(x))dx = \int_0^4 (8x - 2x^2)dx$

$$= \left[4x^2 - \frac{2x^3}{3}\right]_0^4$$

$\left[4x^2 - \dfrac{2x^3}{3}\right]_0^4 = \left\{\left(64 - \dfrac{2 \times 64}{3}\right) - (0)\right\} = \dfrac{64}{3}$ or $\underline{\underline{21\tfrac{1}{3} \text{ units}^2}}$

(c) If $m + n \times f(x) = g(x)$
then $m + n(x^2 - 4x + 5) = 5 - 4x - x^2$
$m + nx^2 - 4nx + 5n = 5 - 4x - x^2$
Equating coefficients $n = \underline{\underline{-1}}$ {Reflection in x-axis}
$m + 5n = 5 \Rightarrow m = \underline{\underline{10}}$ {Move 10 up}

Question 7

(a) $y = f(x) = \dfrac{1}{x} = x^{-1}$

$\{m = f'(x)\} \Rightarrow f'(x) = -x^{-2} = \dfrac{-1}{x^2}; \quad f'(a) = \underline{\underline{\dfrac{-1}{a^2}}}$

(b) Eqn$_{\text{tangent}}$ $\begin{cases} A\left(a, \dfrac{1}{a}\right) \\ \\ m = \dfrac{-1}{a^2} \end{cases}$ $\quad y - \dfrac{1}{a} = \dfrac{-1}{a^2}(x - a)$

$a^2 y - a = -x + a$

$\underline{\underline{x + a^2 y = 2a}}$

(c) (i) At B, $x = 0$ hence $a^2 y = 2a$

$y = \dfrac{2}{a} \Rightarrow B\left(0, \dfrac{2}{a}\right)$

At C, $y = 0$ hence $x = 2a \Rightarrow C(2a, 0)$

Area of $\Delta = \dfrac{1}{2}$ base × altitude

$= \dfrac{1}{2} \times 2a \times \dfrac{2}{a}$

Area of ΔOBC = $\underline{\underline{2 \text{ units}^2}}$ No "a"s in this answer

(ii) This area is $\underline{\underline{\text{independent of the position of}}}$ A   {always 2}

Question 8

$f(x) = 2x^{\frac{3}{2}} + \sin^2 x \qquad \{\sin^2 x = (\sin x)^2\}$

$f'(x) = \dfrac{3}{2} 2x^{\frac{1}{2}} + 2(\sin x)\cos x \qquad \{\text{use the chain rule}\}$

$= \underline{\underline{3x^{\frac{1}{2}} + 2\sin x \cos x}}$

or $\quad \underline{\underline{3\sqrt{x} + \sin 2x}} \qquad \{\text{simplifying}\}$

Model Paper E

Question 9

(a) $\int_0^{\frac{\pi}{2}} \cos 2x \, dx = \left[\frac{1}{2}\sin 2x\right]_0^{\frac{\pi}{2}} = \frac{1}{2}(\sin \pi) - \frac{1}{2}(\sin 0)$

$\phantom{\int_0^{\frac{\pi}{2}} \cos 2x \, dx = \left[\frac{1}{2}\sin 2x\right]_0^{\frac{\pi}{2}}} = \underline{\underline{0}}$

(b)

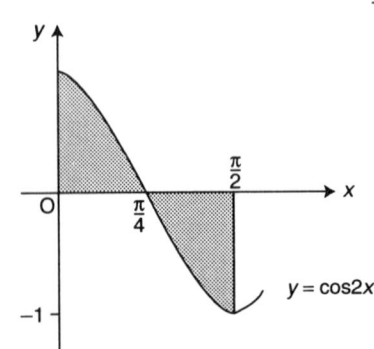

Positive and negative areas cancel.

$y = \cos 2x$

Question 10

Let $kx^2 - 8x + k = 0$

For NO REAL ROOTS $\qquad 64 - 4k^2 < 0 \qquad \{b^2 - 4ac < 0\}$
$ 4k^2 > 64$
$ k^2 > 16$
$ k > 4$
$ \text{Hence} \quad \underline{\underline{k = 5}} \qquad \{k > 0\}$

Question 11

$\sin 2x° + \sin x° = 0 \qquad 0 \leq x < 360$
$2\sin x° \cos x° + \sin x° = 0 \qquad \{\text{Use} \quad \sin 2x° = 2\sin x° \cos x°\}$
$\sin x°(2\cos x° + 1) = 0$
$\sin x = 0 \quad \text{or} \quad 2\cos x° + 1 = 0$
$x = \underline{\underline{0, 180}} \quad \text{or} \quad 2\cos x° = -1$
$\phantom{x = 0, 180 \quad \text{or} \quad} \cos x° = \frac{-1}{2}$
$\phantom{x = 0, 180 \quad \text{or} \quad} x° = \underline{\underline{120, 240}}$

Hence $\underline{\underline{x = 0, 120, 180 \text{ or } 240}}$

Question 12

(a) $y = y_0 e^{kt} = \dfrac{1}{2} y_0$ when $t = 5700$

$\Rightarrow e^{5700k} = 0 \cdot 5$

$5700\, k = \ln(0 \cdot 5)$ {Take $\log_e$ of both sides; $\log_e(e) = 1$}

$k = -1 \cdot 216 \times 10^{-4}$

$k \doteq \underline{\underline{-0 \cdot 000122}}$ to 3 sig. figs.

(b) Let $y_0 = 100$ and $t = 1000$

$y = y_0 e^{kt} \Rightarrow y = 100 e^{-0 \cdot 000122 \times 1000}$

$= 100 e^{-0 \cdot 122}$

$= 88 \cdot 5 \Rightarrow \underline{\underline{88\tfrac{1}{2}\%}}$ remains

---

Question 13

(a) $p = \dfrac{(4-(-2))}{2}$; $\underline{\underline{q = 1}}$; $r = -140$; $u = 230$

$\Rightarrow \underline{\underline{p = 3}}$ {moved up 1} $\begin{Bmatrix} \text{Min T.P. } (-90°) \\ \text{moved } 140° \\ \text{to the right} \end{Bmatrix}$ $\begin{Bmatrix} \text{Max T.P. } (90°) \\ \text{moved } 140° \\ \text{to the right} \end{Bmatrix}$

(b) $y = f(x) = 3\sin(x-140)° + 1$

For s; $x = 0$; $f(0) = 3\sin(-140)° + 1 = -0 \cdot 928 \Rightarrow s = \underline{\underline{-0 \cdot 928}}$

For t; $y = 0$; $f(x) = 3\sin(x-140)° + 1 = 0$

$3\sin(x-140)° = -1$

$\sin(x-140)° = \dfrac{-1}{3}$

$(x-140)° = -19 \cdot 5$

$x = 120 \cdot 5 \Rightarrow t = \underline{\underline{120 \cdot 5}}$

Question 14

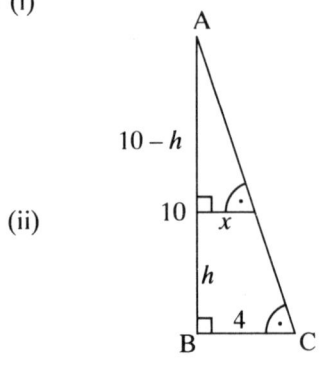

(a) (i)

By similar $\triangle$s $\dfrac{10-h}{x} = \dfrac{10}{4} = \dfrac{5}{2}$

$\Rightarrow 10 - h = \dfrac{5}{2}x$

$\underline{\underline{h = 10 - \dfrac{5}{2}x}}$

(ii)

Volume = area of base × height

$= (2x)^2 \times \left(10 - \dfrac{5}{2}x\right)$

$= 4x^2 \times \left(10 - \dfrac{5}{2}x\right)$

$\Rightarrow$ vol $= \underline{\underline{40x^2 - 10x^3}}$

(b) $V(x) = 40x^2 - 10x^3$
$V'(x) = 80x - 30x^2 = 0$ at St. Val.
$10x(8 - 3x) = 0$
$10x = 0$ or $(8 - 3x) = 0$
$x = 0$ or $x = \dfrac{8}{3}$

Nature Table

x	$\dfrac{8^-}{3}$	$\dfrac{8}{3}$	$\dfrac{8^+}{3}$
$V'(x)$	+	0	−
Shape	↗	→	↘

Max T.P. at $\underline{\underline{x = \dfrac{8}{3}}}$

$h = 10 - \dfrac{5}{2} \times \dfrac{8}{3} = \underline{\underline{\dfrac{10}{3}}}$

Hence cuboid dimensions $2x \times 2x \times h$ in cm
$= \underline{\underline{\dfrac{16}{3} \text{ cm} \times \dfrac{16}{3} \text{ cm} \times \dfrac{10}{3} \text{ cm}}}$

Model Paper F — Paper I

Question 1   Since AM is a median; then M is the mid-point of BC

$$\Rightarrow M\left(\frac{6-2}{2}, \frac{1-3}{2}\right)$$

$$\Rightarrow M(2, -1)$$

If A(4, 3) and M(2, –1); then gradient$_{AM}$ = $\frac{3-(-1)}{4-2}$ = 2

Equation$_{AM}$ is $y - 3 = 2(x - 4)$ {Use: $y - b = m(x - a)$}
$y - 3 = 2x - 8$
$\underline{\underline{y = 2x - 5}}$

Question 2 $f(x) = x^3 - 4x^2 - 7x + 10$ {Try factors of 10, e.g., ±1, ±2}

```
 1 | 1   -4   -7   10
   |      1   -3  -10
-2 | 1   -3  -10    0  ⇒ (x – 1) is a factor
   |     -2   10
     1   -5    0        ⇒ (x +2) is a factor
```
⇒ (x – 5) is a factor

Hence $\underline{\underline{f(x) = (x+2)(x-1)(x-5)}}$

Question 3   If equation is $(x-3)^2 + (y+2)^2 = 25$; then centre is $\underline{C(3, -2)}$

Let P be the point (6, 2); then $m_{PC} = \frac{2-(-2)}{6-3} = \frac{4}{3}$

If $m_{radius} = \frac{4}{3}$; then $m_{tangent} = \frac{-3}{4}$ {since $m_r \times m_t = -1$}

Equation$_{tangent}$ is $y - 2 = \frac{-3}{4}(x - 6)$ {use $y - b = m(x - a)$}

$4y - 8 = -3x + 18$
$4y = -3x + 26$
$\underline{\underline{3x + 4y = 26}}$

Question 4

(a) $\vec{AB} = b - a = \begin{pmatrix} 9 \\ 2 \\ -4 \end{pmatrix} - \begin{pmatrix} 3 \\ -1 \\ 2 \end{pmatrix} = \begin{pmatrix} 6 \\ 3 \\ -6 \end{pmatrix}$

$\vec{AC} = \frac{1}{3}\vec{AB} = \frac{1}{3}\begin{pmatrix} 6 \\ 3 \\ -6 \end{pmatrix} = \begin{pmatrix} 2 \\ 1 \\ -2 \end{pmatrix}$

(b) $c = \vec{OC} = \vec{OA} + \vec{AC} = \begin{pmatrix} 3 \\ -1 \\ 2 \end{pmatrix} + \begin{pmatrix} 2 \\ 1 \\ -2 \end{pmatrix} = \begin{pmatrix} 5 \\ 0 \\ 0 \end{pmatrix}$ Hence C(5, 0, 0)

D is the mid-point of CD

$$\Rightarrow D\left(\frac{9+5}{2}, \frac{2+0}{2}, \frac{-4+0}{2}\right)$$ Hence D(7, 1, –2)

Question 5

(a) $f(g(x)) = (g(x))^2 - 1 = (x^2 + 2)^2 - 1$
$= x^4 + 4x^2 + 4 - 1$
$= x^4 + 4x^2 + 3$

(b) $x^4 + 4x^2 + 3 = (x^2 + 1)(x^2 + 3)$

{Substitute $y = x^2$; then $y^2 + 4y + 3 = (y+1)(y+3)$}

Question 6

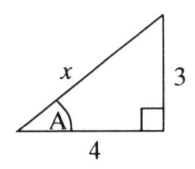

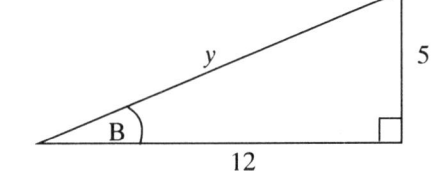

By Pythagoras $x^2 = 3^2 + 4^2 = 25;$ $\quad y^2 = 12^2 + 5^2 = 169$
$\quad\quad\quad\quad\quad\quad \Rightarrow x = 5 \quad\quad\quad\quad\quad \Rightarrow y = 13$

(a) $\sin 2A = 2 \sin A \cos A = 2 \times \frac{3}{5} \times \frac{4}{5} = \underline{\underline{\frac{24}{25}}}$

(b) $\cos 2A = \cos^2 A - \sin^2 A = \left(\frac{4}{5}\right)^2 - \left(\frac{3}{5}\right)^2 = \underline{\underline{\frac{7}{25}}}$

(c) $\sin(2A + B) = \sin 2A \cos B + \cos 2A \sin B$
$\quad\quad\quad\quad\quad = \frac{24}{25} \times \frac{12}{13} + \frac{7}{25} \times \frac{5}{13}$
$\quad\quad\quad\quad\quad = \underline{\underline{\frac{323}{325}}}$

Question 7

(a) $v_{n+1} = 0.3 v_n + 4$ approaches a limit since $0.3 < 1$
{In the form $v_{n+1} = mv_n + c$; we require $-1 < m < 1; m \neq 0$}

(b) At the limit $v_{n+1} = v_n = v$
$\quad$ Hence $v = 0.3v + 4$
$\quad\quad\quad 0.7v = 4$
$\quad\quad\quad\quad v = \underline{\underline{\frac{4}{0.7}}} = \underline{\underline{\frac{40}{7}}}$ or $\underline{\underline{5\frac{5}{7}}}$

Model Paper F

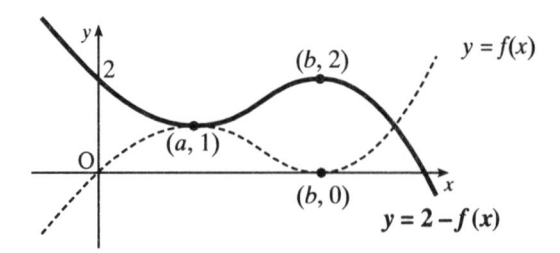

Question 8

$$\frac{dy}{dx} = 6x^2 - 2x$$
$$y = \int (6x^2 - 2x)dx$$
$$y = 2x^3 - x^2 + c$$

At $(-1, 2)$; $2 = 2(-1)^3 - (-1)^2 + c = 2$
$$-2 - 1 + c = 2$$
$$c = 5$$

Hence $\underline{\underline{y = 2x^3 - x^2 + 5}}$

Question 9

$y = x^3 + kx^2 - 8x + 3$ {m of x-axis $= 0$; $m = 0$ at T.P.}

$\frac{dy}{dx} = 3x^2 + 2kx - 8 = 0$ at $x = -2$

$$3(-2)^2 + 2k(-2) - 8 = 0$$
$$12 - 4k - 8 = 0$$
$$-4k + 4 = 0$$
$$-4k = -4$$
$$\underline{\underline{k = 1}}$$

Question 10

(a)

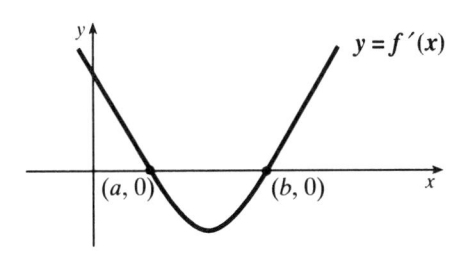

(b)

(c) $m = f'(x) = \dfrac{1}{2}$ at $x = 0$

$\Rightarrow \left(0, \dfrac{1}{2}\right)$ lies on $y = f'(x)$

Question 11

(a) $y = \sin 2x = 0$
$2x = 0, \pi, 2\pi$
$x = 0, \dfrac{\pi}{2}, \pi \Rightarrow p = \dfrac{\pi}{2}$

$y = \sin 2x = -1$
$2x = \dfrac{3\pi}{2}, \dfrac{7\pi}{2}$
$x = \dfrac{3\pi}{4}, \dfrac{7\pi}{4} \Rightarrow q = \dfrac{3\pi}{4}$

$\left\{\text{or use symmetry, } q \text{ is half-way between } \dfrac{\pi}{2} \text{ and } \pi\right\}$

(b) Area $= -\int_{\frac{\pi}{2}}^{\frac{3\pi}{4}} \sin 2x \, dx = \dfrac{-1}{2}[-\cos 2x]_{\frac{\pi}{2}}^{\frac{3\pi}{4}}$

$= \dfrac{-1}{2}\left\{\left(-\cos\dfrac{3\pi}{2}\right) - (-\cos \pi)\right\}$

$= \dfrac{-1}{2}\{0 - 1\}$

$= \dfrac{1}{2}\text{units}^2$

Model Paper F

Question 12

$$f(x) = (\sin x + 1)^2$$
$$\Rightarrow f'(x) = 2(\sin x + 1)(\cos x)$$
$$f'\left(\frac{\pi}{6}\right) = 2\left(\sin\frac{\pi}{6} + 1\right)\left(\cos\frac{\pi}{6}\right)$$
$$= 2\left(\frac{1}{2} + 1\right)\left(\frac{\sqrt{3}}{2}\right)$$
$$= 2\left(\frac{3}{2}\right)\left(\frac{\sqrt{3}}{2}\right)$$
$$= \underline{\underline{\frac{3\sqrt{3}}{2}}}$$

Question 13

$$\underline{a}.(\underline{a} + \underline{b}) = \underline{a}.\underline{a} + \underline{a}.\underline{b} = |\underline{a}||\underline{a}|\cos 0° + |\underline{a}||\underline{b}|\cos 60°$$
$$= 2 \times 2 \times 1 + 2 \times 3 \times \frac{1}{2}$$
$$= \underline{\underline{7}}$$

Question 14

(a)
$$\cos 2\theta + 8\cos\theta + 9 = 0$$
$$2\cos^2\theta - 1 + 8\cos\theta + 9 = 0$$
$$2\cos^2\theta + 8\cos\theta + 8 = 0 \qquad \{\text{factorise or show}$$
$$\cos^2\theta + 4\cos\theta + 4 = 0 \qquad b^2 - 4ac = 0\}$$
$$(\cos\theta + 2)^2 = 0$$
$$\cos\theta = -2 \text{ twice}$$
$$\Rightarrow \text{equal roots}$$
since it is a perfect square.

(b) $\cos\theta = -2$
$\underline{\underline{\theta \text{ has NO real roots since } \cos\theta < -1}}$

Question 15 $\quad x = \log_6 9 + \log_6 24$
$\qquad\quad\; = \log_6 216 \qquad\quad \{\log a + \log b = \log ab\}$
$\qquad x = \log_6 6^3 \qquad\quad \{216 = 6^3\}$
$\qquad x = 3\log_6 6 \qquad\quad \{\log a^n = n\log a\}$
$\qquad x = \underline{\underline{3}} \qquad\qquad\quad\; \{\log_a a = 1\}$

Model Paper F — Paper II

Question 1

(a)
$$\vec{AB} = b - a = \begin{pmatrix} 3 \\ 6 \\ 5 \end{pmatrix} - \begin{pmatrix} 2 \\ -1 \\ 3 \end{pmatrix} = \begin{pmatrix} 1 \\ 7 \\ 2 \end{pmatrix}$$

$$\vec{AC} = c - a = \begin{pmatrix} 6 \\ 6 \\ -2 \end{pmatrix} - \begin{pmatrix} 2 \\ -1 \\ 3 \end{pmatrix} = \begin{pmatrix} 4 \\ 7 \\ -5 \end{pmatrix}$$

(b)
$$\cos B\hat{A}C = \frac{\vec{AB} \cdot \vec{AC}}{|\vec{AB}||\vec{AC}|} = \frac{\begin{pmatrix} 1 \\ 7 \\ 2 \end{pmatrix} \cdot \begin{pmatrix} 4 \\ 7 \\ -5 \end{pmatrix}}{\left|\begin{pmatrix} 1 \\ 7 \\ 2 \end{pmatrix}\right|\left|\begin{pmatrix} 4 \\ 7 \\ -5 \end{pmatrix}\right|}$$

$$= \frac{4 + 49 - 10}{\sqrt{54}\sqrt{90}} \qquad \{1^2 + 7^2 + 2^2 = 54 \text{ etc.}\}$$

$$= \frac{43}{\sqrt{4860}}$$

$$= 0 \cdot 617$$

$$\Rightarrow B\hat{A}C = \underline{\underline{51 \cdot 9°}}$$

(c)
$$\text{Area } \Delta ABC = \frac{1}{2} bc \sin A°$$
$$= \frac{1}{2}\sqrt{90} \cdot \sqrt{54} \sin 51 \cdot 9°$$
$$\Rightarrow \text{Area} = \underline{\underline{27 \cdot 4 \text{ units}^2}}$$

Question 2

(a) $y = f(x) = -x^4 + 4x^3 - 2$
$f'(x) = -4x^3 + 12x^2 = 0$ at St. Val.
$-4x^2(x-3) = 0$
$-4x^2 = 0$ or $x - 3 = 0$
$x = 0$ or $x = 3$
$y = -2$ or $y = 25$

TPs $(0, -2)$ and $(3, 25)$

(b)

x	0^-	0	0^+
$f'(x)$	+	0	+
Shape	↗	→	↗

x	3^-	3	3^+
$f'(x)$	+	0	−
Shape	↗	→	↘

Point of Inflection at $(0, -2)$ Max TP at $(3, 25)$

Question 3

(a) $y = f(x) = x^3 - 4x^2 + 2x - 1;$ $\Rightarrow f(2) = 8 - 16 + 4 - 1 = -5 \Rightarrow P(2, -5)$
$f'(x) = 3x^2 - 8x + 2;$ $\Rightarrow f'(2) = 12 - 16 + 2 = -2 \Rightarrow m = -2$

$\text{Eqn}_{\text{tangent}} \begin{cases} P(2, -5) \\ m = -2 \end{cases}$
$y - (-5) = -2(x - 2)$
$y + 5 = -2x + 4$
$y = -2x - 1$
or $2x + y + 1 = 0$

(b) $m_{\text{tangent}} \times m_{\text{normal}} = -1 \Rightarrow m_{\text{normal}} = \dfrac{1}{2}$

$m = \tan\theta° = \dfrac{1}{2}$

$\theta = 26 \cdot 6$

$\Rightarrow$ Required angle $= 26 \cdot 6°$

Question 4

(a) $y = f(x) = ax(b-x)$ $\qquad\qquad\qquad\left\{\begin{matrix}x=0 \text{ and } x=6 \text{ are roots}\\ \text{so } f(0)=f(6)=0\end{matrix}\right\}$
  $f(6) = 6a(b-6) = 0$
  $6a = 0$ or $b - 6 = 0$
  $a = 0$ or $\underline{b = 6}$ $\qquad \{a \neq 0\}$

  $f(3) = 3a(6-3) = 9$
  $\qquad\quad 9a \quad\;\; = 9$
  $\qquad\quad \underline{a \quad\;\;\; = 1}$

  Hence $\underline{\underline{a = 1 \text{ and } b = 6}}$ $\qquad$ and $f(x) = x(6-x)$
  $\qquad\qquad\qquad\qquad\qquad\qquad$ or $\;\; f(x) = 6x - x^2$

(b) Area $= \int_0^6 (6x - x^2)\,dx = \left[3x^2 - \dfrac{x^3}{3}\right]_0^6$

  $\qquad\qquad\qquad\qquad\quad = \left\{\left(3 \times 36 - \dfrac{216}{3}\right) - (0)\right\}$

  $\qquad\qquad\qquad\qquad\quad = \underline{\underline{36 \text{ units}^2}}$

(c) (i) $y = 6x - x^2$ meets $y = x$ where:

  $\qquad\qquad\qquad\qquad x \;\;= 6x - x^2$
  $\qquad\qquad\qquad x^2 - 5x \;= 0$
  $\qquad\qquad\qquad\;\; x(x-5) = 0$
  $\qquad\qquad x = 0$ or $x - 5 = 0$

  $\qquad\qquad\qquad\qquad\qquad \left.\begin{matrix}x = 5\\ y = 5\end{matrix}\right\} \Rightarrow \underline{\underline{P(5,\,5)}}$

  (ii) $\;$ Area $= \int_0^5 \{(6x - x^2) - (x)\,dx\}$ $\qquad$ $\left\{\text{Area} = \int (f(x) - g(x))\,dx\right\}$

  $\qquad\qquad\quad\; = \int_0^5 (5x - x^2)\,dx$

  $\qquad\qquad\quad\; = \left[\dfrac{5x^2}{2} - \dfrac{x^3}{3}\right]_0^5$

  $\qquad\qquad\quad\; = \dfrac{125}{2} - \dfrac{125}{3}$

  $\Rightarrow$ Area $= \underline{\underline{\dfrac{125}{6} \text{ units}^2}}$ $\qquad\qquad\qquad \{20 \cdot 83 \text{ units}^2\}$

Model Paper F

Question 5

(a) (i) $y = f(x) = x^3 - 9x$; $\Rightarrow f(-2) = (-2)^3 - 9(-2) = 10 \Rightarrow \underline{\underline{A(-2, 10)}}$

(ii) $f'(x) = 3x^2 - 9$; $\Rightarrow f'(-2) = 3(-2)^2 - 9 = 3$; $\Rightarrow m = 3$

$\text{Eqn}_{AB} \begin{cases} A(-2, 10) \\ m = 3 \end{cases}$
$\begin{aligned} y - 10 &= 3(x + 2) \\ y - 10 &= 3x + 6 \\ \underline{\underline{y}} &\underline{\underline{= 3x + 16}} \end{aligned}$

(b) $y = 3x + 16$ meets $y = x^3 - 9x$ where
$$x^3 - 9x = 3x + 16$$
$$x^3 - 12x - 16 = 0$$
$$(x + 2)(x + 2)(x - 4) = 0$$

$\left\{ \begin{array}{l} \text{Factorise using} \\ \text{double root at} \\ x = -2 \text{ leaving} \\ x - 4 \text{ as a factor} \end{array} \right\}$

$x = -2$ twice or $\left. \begin{array}{l} x = 4 \\ y = 28 \end{array} \right\}$ $\underline{\underline{B(4, 28)}}$

Question 6

(a) A is the mid-point of DE

$\Rightarrow A\left(\dfrac{2-1}{2}, \dfrac{4+2}{2}\right)$ so $A\left(\dfrac{1}{2}, 3\right)$

$\begin{aligned} AE^2 &= \left(2 - \dfrac{1}{2}\right)^2 + (4-3)^2 \quad \{AE = \text{radius}\} \\ &= \left(1\dfrac{1}{2}\right)^2 + 1^2 \\ &= 3\dfrac{1}{4} \text{ or } \dfrac{13}{4} \quad\quad\quad\quad \{\text{use } (x-a)^2 + (y-b)^2 = r^2\} \end{aligned}$

Hence $\text{Eqn}_{\text{circle}}$ is $\underline{\underline{\left(x - \dfrac{1}{2}\right)^2 + (y-3)^2 = \dfrac{13}{4}}}$

(b) (i) <u>B(8, 8)</u>

(ii) B is the mid-point of EF

Let F be $(x, y) \Rightarrow \dfrac{2+x}{2} = 8$ and $\dfrac{4+y}{2} = 8$

$\qquad\qquad\qquad 2 + x = 16 \qquad 4 + y = 16$
$\qquad\qquad\qquad\quad x = 14 \qquad\qquad y = 12$
$\qquad\qquad\qquad\qquad\qquad$ so <u>F(14, 12)</u>

C is the mid-point of DF

$\Rightarrow C\left(\dfrac{-1+14}{2}, \dfrac{2+12}{2}\right)$ so $\underline{C\left(\dfrac{13}{2}, 7\right)}$

(c) If D(−1, 2) and F(14, 12) then $DF^2 = (14 + 1)^2 + (12 − 2)^2 = 325$

$\qquad\qquad\qquad\qquad\qquad\qquad\qquad \Rightarrow DF = \sqrt{325}$
$\qquad\qquad\qquad\qquad\qquad\qquad\qquad\qquad\;\; = \sqrt{25}\sqrt{13}$
$\qquad\qquad\qquad\qquad\qquad\qquad\qquad \Rightarrow DF = 5\sqrt{13}$

Perimeter $= \dfrac{1}{2}\{\pi DE + \pi EF + \pi DF\}$

$\qquad\qquad = \dfrac{\pi}{2}\{DE + EF + DF\} \qquad\qquad \begin{cases} \text{circumference} = \pi d \\ \text{semi-circle} = \dfrac{\pi}{2} d \end{cases}$

$\qquad\qquad = \dfrac{\pi}{2}\{DF + DF\}$

$\qquad\qquad\qquad\qquad\qquad\qquad\qquad\quad \{DE + EF = DF\}$

$\qquad\qquad = \dfrac{\pi}{2}\{2DF\}$

$\qquad\qquad = \pi DF$

$\qquad\qquad = \underline{5\pi\sqrt{13} \text{ units}} \quad$ as required

Model Paper F

Question 7

(a) $f(x) = 2\cos x° - 3\sin x° = k\cos(x+\alpha)°$
Equating coefficients $= k\cos x° \cos\alpha° - k\sin x° \sin\alpha°$

Here $\left.\begin{array}{l} k\sin\alpha° = 3 \\ k\cos\alpha = 2 \end{array}\right\}$ $\tan\alpha° = \dfrac{3}{2}$ Also $k^2 = 3^2 + 2^2$
$= 13$

$\Rightarrow \underline{\alpha = 56\cdot3}$ $\underline{k = \sqrt{13}}$

Hence $f(x) = \underline{\underline{\sqrt{13}\cos(x+56\cdot3)°}}$

(b) Max Val $= \sqrt{13}$ at $(x+56\cdot3)° = 0°$ or $360°$
$x = \underline{\underline{-56\cdot3° \text{ or } 303\cdot7°}}$

Min Val $= -\sqrt{13}$ at $(x+56\cdot3)° = 180°$
$x = \underline{\underline{123\cdot7°}}$

(c) Min Val of $(f(x))^2 = \underline{\underline{0}}$ $\left\{\begin{array}{l}\text{at } f(x) = 0 \\ \Rightarrow x = 33\cdot7\end{array}\right\}$

Question 8

(a) Let the amount after the nth feeding be A_n
25% loss $\Rightarrow$ 75% remains so if $A_1 = 1$
then $A_2 = 0\cdot75 A_1 + 1 \Rightarrow A_2 = 1\cdot75$
$A_3 = 0\cdot75 A_2 + 1 \Rightarrow A_3 = 2\cdot3125$
$A_4 = 0\cdot75 A_3 + 1 \Rightarrow A_4 = 2\cdot734375$
After 4 feeds the amount stays > 2 g
$\{0\cdot75 \times A_4 = 2\cdot051\}$
So 4 feeds are necessary

(b) (i) $\underline{\underline{A_{n+1} = 0\cdot75 A_n + 1}}$ {i.e. multiply by 0·75, then add 1}

(ii) Reaches a limit when $A_{n+1} = A_n = A$
$A = 0\cdot75 A + 1$
$0\cdot25 A = 1$
$\Rightarrow$ The limit is $\underline{A = 4}$ Yes it is safe as $\underline{\underline{\text{limit} < 5}}$
{check $4 = 0\cdot75 \times 4 + 1$}

Model Paper F

Question 9

$$2\sin\left(2x - \frac{\pi}{6}\right) = 1$$

$$\sin\left(2x - \frac{\pi}{6}\right) = \frac{1}{2}$$

$$2x - \frac{\pi}{6} = \frac{\pi}{6}, \frac{5\pi}{6}, \frac{13\pi}{6}, \frac{17\pi}{6}$$

$$2x = \frac{\pi}{3}, \pi, \frac{7\pi}{3}, 3\pi$$

$$\underline{\underline{x = \frac{\pi}{6}, \frac{\pi}{2}, \frac{7\pi}{6}, \frac{3\pi}{2}}}$$

If $\quad 0 \leq x \leq 2\pi$
Then $\quad 0 \leq 2x \leq 4\pi$

Question 10

(a) $\quad \text{Vol}_{\text{cylinder}} = \pi r^2 h = 400$

$$\Rightarrow h = \frac{400}{\pi r^2}$$

Surface area $= \pi r^2 + 2\pi rh + 2\pi r^2$
$\qquad\qquad\quad = 3\pi r^2 + 2\pi rh$
$\qquad\qquad\quad = 3\pi r^2 + 2\pi r \times \dfrac{400}{\pi r^2}$

$$\Rightarrow \underline{\underline{A(r) = 3\pi r^2 + \frac{800}{r}}}$$

(b) $\quad A(r) = 3\pi r^2 + 800r^{-1}$
$\quad A'(r) = 6\pi r - 800 r^{-2} = 0$ at St. Val. $\quad$ {multiply by r^2}
$\qquad\quad 6\pi r^3 - 800 \quad = 0$
$\qquad\quad 6\pi r^3 \qquad\quad = 800$
$\qquad\qquad\quad r^3 \qquad = \dfrac{800}{6\pi}$
$\qquad\qquad\quad r \qquad = \underline{3 \cdot 488} \quad (\doteq 3 \cdot 5 \text{ cm})$

x	$3 \cdot 5^-$	$3 \cdot 5$	$3 \cdot 5^+$
$A'(x)$	$-$	0	$+$
Shape	↘	→	↗

$\left\{\begin{array}{l}\text{or use } A''(r) > 0 \\ \Rightarrow \text{ min val}\end{array}\right\}$

Min turning value at $\underline{\underline{r \doteq 3 \cdot 5}}$

80

Question 11

a) $y = ae^{bx}$
$\log_e y = \log_e(ae^{bx})$
$\log_e y = \log_e a + \log_e e^{bx}$
$\log_e y = \log_e a + bx$
This is <u>linear</u> in the form $y = mx + c$ where $m = b$ and $c = \log_e a$

b) From the table
$x = 3 \cdot 1$ $x = 5 \cdot 2$
$y = 21\,876$ $y = 11\,913\,076$
$\log_e y = 9 \cdot 993$ $\log_e y = 16 \cdot 293$

Form 2 equations

$\log_e y \quad = \quad bx \quad + \quad \log_e a$

$16 \cdot 293 = 5 \cdot 2b + \log_e a$
$9 \cdot 993 = 3 \cdot 1b + \log_e a$
Subtract $\quad \overline{6 \cdot 3 \quad = 2 \cdot 1 b}$
$\underline{\underline{b = 3}}$

By substitution
$9 \cdot 993 = 3 \cdot 1 \times 3 + \log_e a = 9 \cdot 993$
$\log_e a = 0 \cdot 693$
$\underline{\underline{a = 2}}$

Hence $\underline{\underline{y = 2e^{3x}}}$ $\left\{ \begin{array}{l} \text{check if } x = 4 \cdot 1 \\ y = 2e^{12 \cdot 3} = 439\,392 \end{array} \right\}$

Model Paper G — Paper I

Question 1

		$2x^3$	$+$	x^2	$-$	$13x$	$+$	6	
(a)	2	2		1		-13		6	
				4		10		-6	
(b)	-3	2		5		-3		$\underline{\underline{0}}$	$\Rightarrow (x-2)$ is a factor
				-6		3			$\underline{\underline{x=2 \text{ is a root}}}$
		2		-1		0			$\Rightarrow (x+3)$ is a factor
									$\underline{\underline{x=-3 \text{ is a root}}}$

$\Rightarrow \; 2x-1$ is a factor

$\underline{\underline{x=\tfrac{1}{2} \text{ is a root}}}$

Question 2

(a) $m_{AB} = \dfrac{5+1}{5+3} = \dfrac{6}{8} = \dfrac{3}{4}$

$\text{Eqn}_{AB} \begin{cases} A(-3,-1) \\ \\ m = \dfrac{3}{4} \end{cases}$
$\quad y+1 = \dfrac{3}{4}(x+3)$
$\quad 4y+4 = 3x+9$

$\underline{\underline{4y = 3x+5}}$

(b) Mid Pt. $M\left(\dfrac{5-3}{2},\dfrac{5-1}{2}\right) \Rightarrow M(1,2)$

gradient will be $\dfrac{-4}{3}$ \quad \{since $M_1 \times M_2 = -1$\}

$\text{Eqn} \begin{cases} M(1,2) \\ \\ \dfrac{-4}{3} \end{cases}$
$\quad y-2 = \dfrac{-4}{3}(x-1)$
$\quad 3y-6 = -4x+4$

$\underline{\underline{4x+3y = 10}}$

Question 3

(a) $f(x) = 2x + 4$
$f(5) = 14$ so area $= \frac{1}{2}(14 + 8) \times 3$
$f(2) = 8$ $= \underline{\underline{33 \text{ units}^2}}$

(b) Area $= \underline{\underline{\int_2^5 (2x + 4) dx}}$

(c) $\int_2^5 (2x + 4) dx = [x^2 + 4x]_2^5$
$= (25 + 20) - (4 + 8)$
$= \underline{\underline{33}}$

Question 4

radius $= \sqrt{((-3)^2 + (4)^2)}$
$= 5$
Eqn $\underline{\underline{(x + 3)^2 + (y - 4)^2 = 25}}$

Question 5

$\vec{CV} = \vec{CB} + \vec{BA} + \vec{AV}$
$= \vec{DA} + \vec{BA} + \vec{AV}$
$= -\vec{AD} - \vec{AB} + \vec{AV}$
$= -\begin{pmatrix} -2 \\ 10 \\ -2 \end{pmatrix} - \begin{pmatrix} 8 \\ 2 \\ 2 \end{pmatrix} + \begin{pmatrix} 1 \\ 7 \\ 7 \end{pmatrix}$

Hence $\vec{CV} = \underline{\underline{\begin{pmatrix} -5 \\ -5 \\ 7 \end{pmatrix}}}$

Question 6

$y = f(x) = 5x^2 + 2$
$f'(x) = 10x \qquad f'(-1) = -10 = m$

$\begin{cases} P(-1, 7) \\ m = -10 \end{cases}$

$y - 7 = -10(x + 1)$
$y - 7 = -10x - 10$
$\underline{\underline{10x + y + 3 = 0}}$

Question 7

(a) $y = f(x+1)$

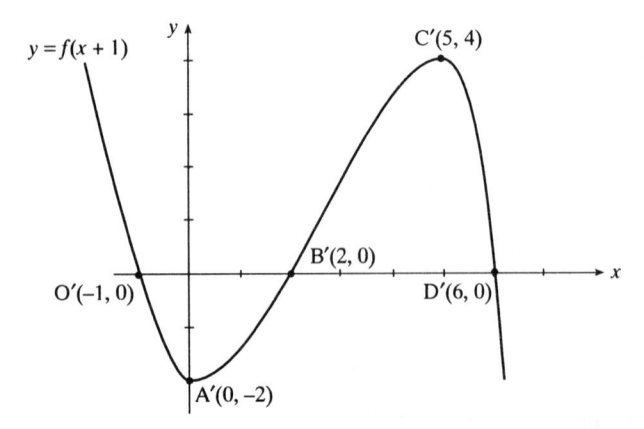

C′(5, 4)
B′(2, 0)
O′(−1, 0)
D′(6, 0)
A′(0, −2)

(b) $y = -2f(x)$

A″(1, 4)
B″(3, 0)
D″(7, 0)
O″
C″(6, −8)

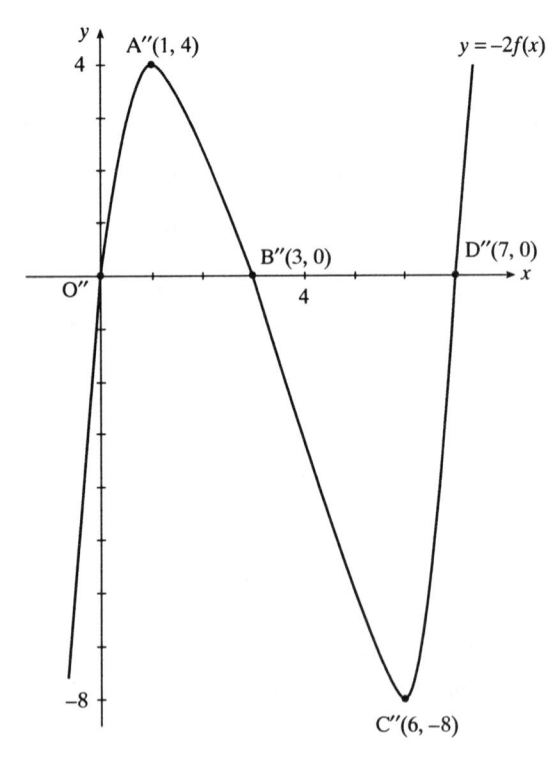

Question 8

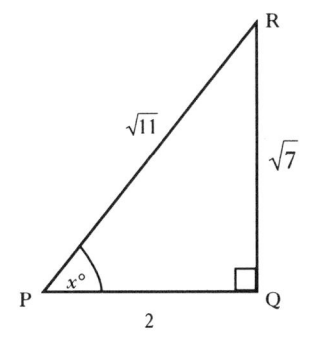

By Pythagoras $h^2 = 7 + 4$

$$h = \sqrt{11} \Rightarrow \sin x = \frac{\sqrt{7}}{\sqrt{11}} ; \cos x = \frac{2}{\sqrt{11}}$$

$$\cos 2x = \cos^2 x - \sin^2 x$$
$$= \frac{4}{11} - \frac{7}{11}$$
$$= \underline{\underline{-\frac{3}{11}}}$$

Question 9

$$y = \log_b(x+a)$$

At $x = 3$; $y = \log_b(3+a) = 0 \Rightarrow 3+a = 1 \Rightarrow a = -2$

At $x = 7$; $y = \log_b(7-2) = 1 \Rightarrow \log_b 5 = 1 \Rightarrow b = 5 \quad \{y = \log_5(x-2)\}$

$\underline{\underline{a = -2;\ b = 5}}$

Question 10

$$y = f(x) = 2x^3 + 3x^2 + 4x - 5$$
$$f'(x) = 6x^2 + 6x + 4 = 0 \text{ at St.V}$$

Here

$\left.\begin{array}{l} a = 6 \\ b = 6 \\ c = 4 \end{array}\right\}$ $b^2 - 4ac = 36 - 4 \times 6 \times 4$
$= -12 < 0$ so no real roots
$\Rightarrow \underline{\underline{\text{No stationary points}}}$

Question 11

(a)   (i) $\underline{a} \cdot \underline{a} = |\underline{a}||\underline{a}|\cos 0 = a^2 = \underline{\underline{9}}$

     (ii) $\underline{b} \cdot \underline{b} = |\underline{b}||\underline{b}|\cos 0 = b^2 = \underline{\underline{8}}$

     (iii) $\underline{a} \cdot \underline{b} = |\underline{a}||\underline{b}|\cos 45° = 3 \times 2\sqrt{2} \cdot \dfrac{1}{\sqrt{2}} = \underline{\underline{6}}$

(b) $\underline{p} = 2\underline{a} + 3\underline{b}$

$\underline{p} \cdot \underline{p} = (2\underline{a} + 3\underline{b}) \cdot (2\underline{a} + 3\underline{b}) = 4\underline{a} \cdot \underline{a} + 12\underline{a} \cdot \underline{b} + 9\underline{b} \cdot \underline{b}$

$= 4(9) + 12(6) + 9(8)$

$\underline{p} \cdot \underline{p} = p^2 \quad \Rightarrow \underline{p} \cdot \underline{p} = 180$

If $p^2 = 180$

$p = \sqrt{180} = \sqrt{36}\sqrt{5}$

$= \underline{\underline{6\sqrt{5}}}$

Question 12

At a limit $u_{n+1} = u_n = u$ and $v_{n+1} = v_n = v$

$u = 0 \cdot 2u + p \quad ; \quad v = 0 \cdot 6v + q$

$0 \cdot 8u = p \qquad\qquad 0 \cdot 4v = q$

$u = \dfrac{p}{0 \cdot 8} \qquad\qquad v = \dfrac{q}{0 \cdot 4}$

But $u = v$

Hence $\dfrac{p}{0 \cdot 8} = \dfrac{q}{0 \cdot 4} \Rightarrow p = \dfrac{0 \cdot 8q}{0 \cdot 4} \Rightarrow p = \underline{\underline{2q}}$

Question 13

$f(x) = \cos^2 x - \sin^2 x = \cos 2x$

$f'(x) = \underline{\underline{-2\sin 2x}}$

Model Paper G — Paper II

Question 1

a)   A(–4, 1)   B(12, 3)
      ⇒ M(4, 2)
         C(7, –7)

$$m_{CM} = \frac{2+7}{4-7} = \frac{9}{-3} = -3$$

$$\text{Eqn}_{CM} \begin{cases} M(4, 2) \\ m-3 \end{cases} \quad y-2 = -3(x-4)$$

$$y = -3x + 14$$

$$\underline{\underline{3x + y = 14}} \quad \text{———} \; ①$$

b) $m_{BC} = \dfrac{3+7}{12-7} = \dfrac{10}{5} = 2 \Rightarrow m_{AD} = \dfrac{-1}{2}$ (sin θ $m_1 \times m_2 = -1$)

$$\text{Eqn}_{AD} \begin{cases} A(-4, 1) \\ m = \dfrac{-1}{2} \end{cases} \quad y - 1 = \dfrac{-1}{2}(x + 4)$$

$$2y - 2 = -x - 4$$

$$\underline{\underline{x + 2y = -2}} \quad \text{———} \; ②$$

OR $x + 2y + 2 = 0$

c)   Where they meet   2① ⇒ $6x + 2y = 28$

                                 ② ⇒ $x + 2y = -2$

                           Subtract $5x = 30$

                                        $x = 6$

                                        $y = -4$

                 They meet at $\underline{(6, -4)}$

Model Paper G

Question 2

(a) $x^2 + y^2 + 6x + 4y + 8 = 0 \Rightarrow$ centre $P(-3, -2)$

$\left.\begin{array}{l}A(-1, -1)\\P(-3, -2)\end{array}\right\}$ $m_{AP} = \dfrac{-1+2}{-1+3} = \dfrac{1}{2} \Rightarrow m_{tan} = -2$ (since $m_1 \times m_2 = -1$)

$\text{Eqn}_{tan}\begin{cases}A(-1,-1)\\m=-2\end{cases}$ $y+1 = -2(x+1)$

$y + 1 = -2x - 2$

$\underline{\underline{2x + y = -3}}$ OR $2x + y + 3 = 0$

(b) At B; $x = 0 \Rightarrow y = -3 \Rightarrow B(0, -3)$

(c) A is the mid point of BC (perp. to chord) $\Rightarrow C(-2, 1)$

(d) Circle centre $A(-1, -1)$ radius $AB = \sqrt{5}$

$\underline{\underline{(x+1)^2 + (y+1)^2 = 5}}$

Question 3

(a) $\vec{AK} = \vec{AD} + \vec{DH} + \vec{HK}$

$= \vec{AD} + \vec{AE} + \dfrac{2}{3}\vec{HG}$

$= \vec{AD} + \vec{AE} + \dfrac{2}{3}\vec{AB}$

$= \begin{pmatrix}-8\\4\\4\end{pmatrix} + \begin{pmatrix}1\\-3\\5\end{pmatrix} + \dfrac{2}{3}\begin{pmatrix}3\\6\\3\end{pmatrix}$

$\vec{AK} = \underline{\underline{\begin{pmatrix}-5\\5\\11\end{pmatrix}}}$

Model Paper G

(b) $\vec{AL} = \vec{AB} + \vec{BF} + \vec{FL}$

$= \vec{AB} + \vec{AE} + \frac{1}{4}\vec{FG}$

$= \vec{AB} + \vec{AE} + \frac{1}{4}\vec{AD}$

$= \begin{pmatrix} 3 \\ 6 \\ 3 \end{pmatrix} + \begin{pmatrix} 1 \\ -3 \\ 5 \end{pmatrix} + \frac{1}{4}\begin{pmatrix} -8 \\ 4 \\ 4 \end{pmatrix}$

$\vec{AL} = \begin{pmatrix} 2 \\ 4 \\ 9 \end{pmatrix}$

(c) $\cos K\hat{A}L = \dfrac{\vec{AK} \cdot \vec{AL}}{|\vec{AK}||\vec{AL}|} = \dfrac{\begin{pmatrix} -5 \\ 5 \\ 11 \end{pmatrix} \cdot \begin{pmatrix} 2 \\ 4 \\ 9 \end{pmatrix}}{\sqrt{171} \cdot \sqrt{101}} = \dfrac{109}{\sqrt{171} \cdot \sqrt{101}}$

$\cos \hat{A} = 0 \cdot 829$

$K\hat{A}L = 33 \cdot 96$

$K\hat{A}L \doteq \underline{\underline{34°}}$

Question 4

(a) $y = 4x - x^2 = 0$ at P and O

$x(4 - x) = 0$

$x = 0 \quad x = 4 \Rightarrow \underline{P(4, 0)}$

(b) $\left.\begin{array}{l} R(0, 2) \\ P(4, 0) \end{array}\right\} \quad m_{PR} = \dfrac{2 - 0}{0 - 4} = \dfrac{2}{-4} = \dfrac{-1}{2}$

$y = \dfrac{-1}{2}x + 2$

$2y = -x + 4$

$x + 2y = 4 \qquad\qquad\qquad$ Eqn$_{PR}$ is $\underline{\underline{x + 2y = 4}}$

89

(c) $y = 4x - x^2$
$2y = 8x - 2x^2$ AND $2y = -x + 4$

They meet where $8x - 2x^2 = -x + 4$
$9x - 2x^2 - 4 = 0$
$2x^2 - 9x + 4 = 0$
$(2x - 1)(x - 4) = 0$
$2x - 1 = 0$ OR $x - 4 = 0$
$2x = 1 \qquad \underline{\underline{x = 4}}$
$\underline{\underline{x = \frac{1}{2}}}$

At $x = \frac{1}{2}$; $y = 4\left(\frac{1}{2}\right) - \left(\frac{1}{2}\right)^2 = 1\frac{3}{4}$ $\Rightarrow$ $\underline{\underline{Q\left(\frac{1}{2}, 1\frac{3}{4}\right)}}$

or $Q\left(\frac{1}{2}, \frac{7}{4}\right)$

Question 5

(a) (i) $L = 8x + 9y$

(ii) $8x + 9y = 360$
$9y = 360 - 8x$
$y = 40 - \frac{8}{9}x$

Area $= 6xy$
$= 6x\left(40 - \frac{8}{9}x\right)$
$\Rightarrow \underline{\underline{A(x) = 240x - \frac{16}{3}x^2}}$

Model Paper G

(b)

x		22·5	
$f'(x)$	+	0	−
Shape	↗	→	↘

Max T.P
(22·5, 2700)

$A'(x) = 240 - \dfrac{32}{3}x = 0$ at S.V.

$720 - 32x = 0$

$32x = 720$

$\underline{x = 22·5}$

$\underline{y = 20}$

Max area $= 6xy = \underline{\underline{2700 \text{ m}^2}}$

Question 6

(a) $I_t = I_0 e^{-kt}$

$I_t = 120 e^{-4k} = 90$

$e^{-4k} = 0·75$

$-4k \ln e = \ln 0·75$

$k = \dfrac{\ln 0·75}{-4}$

$k = \underline{\underline{0·0719}}$

(b) $I_t = I_0 e^{-0·0719t}$

$I_t = I_0 e^{-0·0719 \times 10}$

$= I_0 e^{-0·719}$

$= 0·487 I_0 \Rightarrow 51·3\%$ reduction

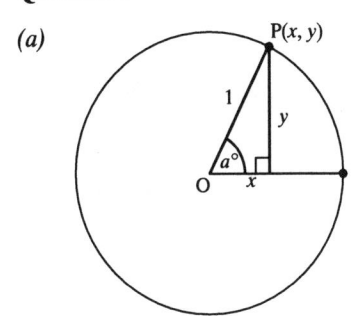

Question 7

(a)

$\sin a° = \dfrac{y}{1} \Rightarrow y = \sin a°$

$\cos a° = \dfrac{x}{1} \Rightarrow x = \cos a°$

$\Rightarrow P(\cos a°, \sin a°)$

91

(b)   Q $(\cos(a-45)°, \ \sin(a-45)°)$

(c)   R $(\cos(a+45)°, \ \sin(a+45)°)$

(d) $m_{QR} = \dfrac{\sin(a-45)° - \sin(a+45)°}{\cos(a-45)° - \cos(a+45)°}$

$$= \dfrac{\sin a \dfrac{1}{\sqrt{2}} - \cos a \dfrac{1}{\sqrt{2}} - \left(\sin a \dfrac{1}{\sqrt{2}} + \cos a \dfrac{1}{\sqrt{2}}\right)}{\cos a \dfrac{1}{\sqrt{2}} + \sin a \dfrac{1}{\sqrt{2}} - \left(\cos a \dfrac{1}{\sqrt{2}} - \sin a \dfrac{1}{\sqrt{2}}\right)}$$

$$= \dfrac{-\sqrt{2} \cos a}{\sqrt{2} \sin a} = \underline{\underline{\dfrac{-1}{\tan a°}}} \quad \left\{\text{or } \dfrac{-\cos a}{\sin a}\right\}$$

Question 8

Let $\ 2\sin x° - 3\cos x° \ = \ k\cos(x-\alpha)°$

$\quad\quad -3\cos x° + 2\sin x° \ = \ k\cos x° \cos\alpha° + k\sin x° \sin\alpha°$

Equate coefficients $\ \Rightarrow \ k\sin\alpha° \ = \ 2$

$\quad\quad\quad\quad\quad\quad\quad\quad\quad\ k\cos\alpha° \ = \ -3$

$\quad\quad\quad\quad\quad\quad \Rightarrow \ \tan\alpha° \ = \ \dfrac{-2}{3} \quad\quad$ Also $\ k^2 \ = \ 2^2 + (-3)^2 = 13$

$\quad\quad\quad\quad\quad\quad\quad\quad\ \alpha \ = \ \underline{\underline{146 \cdot 3}} \quad\quad$ so $\quad k \ = \ \underline{\underline{\sqrt{13}}}$

Hence $\ 2\sin x° - 3\cos x° \ = \ \sqrt{13}\ \cos(x - 146\cdot 3) \ = \ 2\cdot 5$

$\quad\quad\quad\quad\quad\quad\quad\quad\quad\quad\ \cos(x - 146\cdot 3) \ = \ 0\cdot 693$

$\quad\quad\quad\quad\quad\quad\quad\quad\quad\quad\quad x - 146\cdot 3 \ = \ 46\cdot 1, \ 313\cdot 9$

$\quad\quad\quad\quad\quad\quad\quad\quad\quad\quad\quad\quad\quad\ x \ = \ 192\cdot 4, \ 460\cdot 2$

$\quad\quad\quad\quad\quad\quad \Rightarrow \quad\quad\quad\quad\quad\quad\quad\ x \ = \ \underline{\underline{100\cdot 2, \ 192\cdot 4}} \quad \{\text{Subtract } 360°\}$

Model Paper G

Question 9

(a) At P(p, 4); $y = \dfrac{4}{x^2} \Rightarrow 4 = \dfrac{4}{p^2}$; At Q($q$, 1); $y = \dfrac{4}{x^2} \Rightarrow 1 = \dfrac{4}{q^2}$

$$p^2 = 1 \qquad\qquad q^2 = 4$$
$$\underline{\underline{p = 1}} \qquad\qquad \underline{\underline{q = 2}}$$

(b) Area $= \displaystyle\int_0^1 \left\{ x(x+3) - \left(x - \dfrac{x^2}{4} \right) \right\} dx + \int_1^2 \left\{ \dfrac{4}{x^2} - \left(x - \dfrac{x^2}{4} \right) \right\} dx$

$= \displaystyle\int_0^1 \left\{ \dfrac{5}{4}x^2 + 2x \right\} dx + \int_1^2 \left\{ 4x^{-2} - x + \dfrac{x^2}{4} \right\} dx$

$= \left[\dfrac{5x^3}{12} + x^2 \right]_0^1 + \left[-4x^{-1} - \dfrac{x^2}{2} + \dfrac{x^3}{12} \right]_1^2$

$= \left(\dfrac{5}{12} + 1 \right) + \left\{ \left(-2 - 2 + \dfrac{2}{3} \right) - \left(-4 - \dfrac{1}{2} + \dfrac{1}{12} \right) \right\}$

$= \dfrac{17}{12} + \dfrac{13}{12}$

$= \underline{\underline{2\dfrac{1}{2} \text{ units}^2}} \qquad\qquad \left\{ \dfrac{30}{12} \text{ units}^2 \right\}$

Question 10

(a) $y = f(x) = x^3 - 9x + 4$

$m = f'(x) = 3x^2 - 9 = 3$

$\qquad\qquad 3x^2 = 12$

$\qquad\qquad x^2 = 4$

$\qquad\qquad x = \pm 2 \Rightarrow y_P = f(-2) = -8 + 18 + 4 = \underline{14}$

$\qquad\qquad\qquad\quad \Rightarrow y_Q = f(2) = 8 - 18 + 4 = \underline{-6}$

At P($-2, 14$) $\qquad\qquad;\qquad$ At Q($2, -6$)

with $m = 3$; Eqn$_{\text{tan}}$ is $y - 14 = 3(x + 2) \qquad$ with $m = 3$; Eqn$_{\text{tan}}$ is $y + 6 = 3(x - 2)$

$\qquad\qquad \Rightarrow \underline{\underline{y = 3x + 20}} \qquad\qquad\qquad\qquad\qquad \underline{\underline{y = 3x - 12}}$

(b) The "shortest distance" is the perpendicular distance, e.g. the distance from P to where the normal from P meets the tangent from Q.

At P(−2,14)

with $m = \dfrac{-1}{3}$; Eqn$_{normal}$ is $\quad y - 14 = \dfrac{-1}{3}(x+2)$

$$3y - 42 = -x - 2$$
$$\underline{x + 3y = 40}$$

At meeting point $\quad x + 3y = 40 \quad$ AND $\quad y = 3x - 12$
$$3y = 9x - 36$$

By substitution $\quad x + 9x - 36 = 40$
$$10x = 76$$
$$x = \dfrac{76}{10} = \dfrac{38}{5} \implies y = 3 \times \dfrac{38}{5} - 12$$
$$= \dfrac{114}{5} - \dfrac{60}{5}$$
$$= \dfrac{54}{5}$$

Hence $M\left(\dfrac{38}{5}, \dfrac{54}{5}\right)$ is the meeting point.

By distance formula $\quad PM^2 = \left(-2 - \dfrac{38}{5}\right)^2 + \left(14 - \dfrac{54}{5}\right)^2$
$$= \dfrac{2304}{25} + \dfrac{256}{25}$$
$$= \dfrac{2560}{25}$$

$\implies PM = \sqrt{\dfrac{2560}{25}} = \dfrac{\sqrt{256}\sqrt{10}}{\sqrt{25}}$

Hence shortest distance $= \underline{\underline{\dfrac{16}{5}\sqrt{10}}}$ as required

NOTES

QUESTION FREQUENCY CHART FOR HIGHER PAPERS

TOPIC		Paper A		Paper B		Paper C		Paper D		Paper E		Paper F		Paper G	
		I	II	I	II	I	II	I	II	I	II	I	II	I	II
Unit 1																
LO1	The Straight Line	2	3a,8a	9	2	4,11	1	9	2	1	2b(ii)	1	3b	2	1,4b,10b
LO2	f(x), Graphs, Solutions	8,11		7,10,12	8	7,15		5,12	4,7b,d	11	6a,13	5,10		7	
LO3	Basic differentiation	4	1	9	7	5,10	2a,6	6,11	1	6,11	7,14	9	2,3a,5a	6,10	5,10a
LO4	Recurrence relations		6	6			3	7	6		4	7	8	12	
Unit 2																
LO1	Factors, Remainder Theorem, Quadratic	7	4		1,9	1,14	2b,9	4	4	3,4	1,10	2,14	4a,5b	1,10	4a,c
LO2	Basic, Integration	3	2	1	10	2	9	10,13	9a,b	7	6b	8	4b	3	9
LO3	Trig. form & equations	6,10a	5,7a	3,8		8	4,8	10,13	7a,c	5	11	6	9	8	7
LO4	Equation of circle	5	3b	5	4	6	7	1,15	8	8	2a	3	6	4	2
Unit 3																
LO1	Vectors	1		2,4	3	3	5	3	3	2,9	3	4,13	1	5,11	3
LO2	Further Calculus	9,10b,12	9	11		2	8,10	2,8	5,9c	10,14	8,9	11,12		13	
LO3	Logs & exp. function	13	8b	10a,13	6	12,13		14		12,13	12	15	11	9	6
LO4	Further Trig. & Wave function		7b,c		5	9	4		9c		5		7		8

Printed by Bell & Bain, Ltd., Glasgow, Scotland.